W0058278

Das
alternative
Dessertbuch

Anneliese Comanducci

Vegane Desserts -ja bitte!

Das alternative Dessertbuch mit 150 leckeren Rezepten aus aller Welt mit natürlichen, rein pflanzlichen Zutaten und Vollwertcharakter

Für die vegane, vegetarische und makrobiotische Küche

Ost-West-Bund

© Ost-West-Bund Verlag, Völklingen 2011
Neu bearbeitete Auflage, früherer Titel:
Das Makrobiotik- Dessertbuch, © Ost-West-Bund 1986
Umschlag: Hans-Jürgen Ospelt / Richard Theobald
Fotos: Lorenz Zatecky / Dietmar Mühl
Satz: Indragni / Ost-West-Bund Verlag
Redaktion: Richard Theobald

Alle Rechte vorbehalten, einschließlich des Rechtes der Reproduktion dieses Buches oder Teile dessen in irgendeiner Form ohne ausdrückliche schriftliche Genehmigung des Verlages.

ISBN 978-3-930564-33-0

Inhalt

VORWORT

Es ist bereits allgemein bekannt, daß eine falsche Lebensweise Ursache vieler Zivilisationskrankheiten ist.

Falsche Ernährung gilt heute als eines der vorrangigsten Gesundheitsprobleme.

Die Zahl der Erkrankten an Übergewicht, Verdauungs- und Stoffwechselstörungen, Milchunverträglichkeit und Allergien mit Beschwerden von Hautausschlag bis Asthma, ist ständig im Steigen.

Die häufigste Ursache für Lebensmittelallergien sind Milch und Eier. Hier hilft nur ein konsequentes Weglassen. In herkömmlichen Rezeptbüchern sind gerade bei den Nachspeisen Milch und Eier unerläßlich. Dass dem nicht so ist, soll Ihnen dieses Buch zeigen.

Für viele ist es eine große Erleichterung, trotz gesundheitlicher Beschwerden nicht auf wohlschmeckende Leckereien verzichten zu müssen. Speziell in der Kinderernährung sind Süßspeisen schwer wegzudenken.

Vorliegendes Buch ist ein praktischer Ratgeber für alle gesundheitlich Betroffenen, für Liebhaber der veganen Küche, Anhänger der makrobiotischen Ernährungslehre und alle Ernährungsbewußten.

Mein Dank gilt allen, die es ermöglichten, dieses Buch fertigzustellen. Insbesondere möchte ich Lorenz Zatecky und Dietmar Mühl für ihre Leistung bei der Herstellung der Fotos danken.

EINLEITUNG

"Eine halbe Orange ist ebenso
süß wie die ganze"

altchines. Sprichwort

Die Rezepte in diesem Buch werden Ihnen zeigen, daß man rein pflanzlichen Zutaten köstliche Leckereien zaubern kann. Auch ohne chemische Backhilfsmittel, ohne Eier und Michprodukte und vor allem ohne weißen Zucker lassen sich gut schmeckende Backwaren und Desserts zubereiten.

Es wird ausschließlich *Vollkornmehl* verwendet. Weißmehl besitzt weder Kleie, Faser noch Keim, welche jedoch für eine gute Verdauung unerläßlich sind. Vollkornmehl enthält außerdem noch fast alle wichtigen Nährstoffe, wie Eiweiß (6-20%), B-Vitamine und Spurenelemente, wie Jod, Kupfer, Zink usw.

Statt *chemischer Backhilfsmittel* werden kaltgepreßte Pflanzenmargarine und Pflanzenöle verwendet. Diese bewirken eine natürliche Auflockerung, da sie beim Backen Wasserdampf abgeben, der den Teig in die Höhe treibt. Als biologische Triebmittel kennen wir Hefe und Sauerteig. Da Hefe den Darm sehr belastet, wird in einigen Kuchenrezepten diese durch den Sauerteig ersetzt, welcher sonst eigentlich nur zum Brotbacken verwendet wird.

Entgegen einer weitverbreiteten Meinung sind *Eier* für das Gelingen der meisten Süßspeisen überhaupt nicht nötig. Sie werden diese sicherlich nicht vermissen, wenn sie bedenken, daß ein Hühnerei nach einige Tagen 100-200 Millionen Fäulnisbazillen pro Gramm besitzt. Diese verursachen, wenn sie in den Darmkanal gelangen, Fäulnisprozesse.

9

Unsere *Kuhmilch* ist bei weitem nicht so gesund, wie es gepriesen wird. Erstens wird sie pasteurisiert, dadurch werden die wichtigen Laktobazillen getötet. Zweitens werden auch oft Konservierungsverfahren angewendet, welche die Qualität der Milch beeinträchtigen. Das Wesentliche eigentlich ist, sie ist bestens geeignet für die Entwicklung des Kalbes, nicht jedoch für den Menschen.

Als pflanzlichen „Ersatz" können wir die Sojamilch verwenden. Sie ist ein großer Eiweißträger und wird aus der Sojabohne gewonnen. Achten Sie beim Einkauf darauf, daß sie ungezuckert ist.

Butter steht an gesundheitlichem Wert einer hochwertigen Pflanzenmargarine und einem kaltgepreßten, ungehärteten Pflanzenöl auf jedem Fall nach, da sie tierische Fettsäuren enthält, die das Risiko der Arterienverkalkung erhöhen.

Statt *weißem, raffiniertem Zucker* enthalten die Rezepte als Süßmittel entweder Ahornsirup, Reismalz, Gerstenmalz oder ungeschwefelte Trockenfrüchte. Auch der braune Roh- oder Rohrzucker unterscheidet sich in der Analyse nur unwesentlich von weißem Industriezucker. Er ist somit genauso ein Vitamin-B- und Mineralienräuber, der zu vielseitigen Störungen des Stoffwechsels führen kann. In den Rezepten kommen öfters Marmeladen vor; Sie können diese selber machen oder ungezuckerte in den Naturkostläden kaufen.

Es sei noch erwähnt, daß *Honig* zwar seinen Platz als wertvolles Heilmittel hat, jedoch nicht als Süßmittel in der täglichen Küche verwendet werden soll. Vor allem bei Magen- und Galleschwäche kann er Unverträglichkeit anderer Nahrungsmittel hervorrufen.

In fast allen Rezepten kommt etwas *Meersalz* vor. Wenig Salz macht die Speisen süß und stellt gleichzeitig einen Ausgleich zu den Süßmitteln und Früchten dar. Anstelle von Kochsalz ist es besser, Meersalz zu verwenden. Letzteres besitzt noch alle wichtigen Spurenelemente, wie Ammoniak, Jod, Brom, Kupfer, Silizium u.a. und ebenso Minerale, wie Kalium, Kalzium, Schwefel.

Ich hoffe, ich habe Ihnen mit dem Buch den Mut gegeben, etwas Neues auszuprobieren und wünsche allen gutes Gelingen und viel Freude beim gesunden Naschen.

*Wer Genügen kennt am Genügenden
wird ständig genug haben.*

Lao Tse

Die klassischen Teigarten

Im folgenden finden Sie nun fünf Grundteigarten, die Sie nach Anlaß und Belieben für Ihre Rezepte wählen können.
Sie finden auch bei den einzelnen Rezepten den Hinweis für die betreffende Teigart.

Mürbeteig

500 gr Vollweizenmehl
250 gr Pflanzenmargarine
2 EL Gersten- oder Reismalz
1/8 l kaltes Wasser
Naturvanille
etwas Meersalz
gerieb. Schale einer Zitrone

Das Vollweizenmehl, die Margarine und das Wasser sollten möglichst kalt sein. Man kann die Zutaten auch für eine Stunde in den Kühlschrank geben. Dann alles gut mischen, verkneten und für 30 Minuten nochmals kühl stellen.

Blätterteig

500 gr feines Vollweizenmehl
500 gr Pflanzenmargarine
1/4 l Wasser
etwas Meersalz

Die Margarine mit 1/4 des Mehles vermischen, einen Ziegel formen und in den Kühlschrank geben. Die restlichen Zutaten zu einem glatten Teig verarbeiten, in ein feuchtes Tuch wickeln und für ebenfalls 30 Minuten in den Kühlschrank geben. Danach den Teig ausrollen, den Margarineziegel in den Teig einschlagen, flach klopfen, leicht bemehlen und vorsichtig ausrollen. Dann dreiteilig zusammenlegen und für 30 Minuten im Kühlschrank rasten lassen. Den Teig wieder bemehlen, ausrollen und vierteilig zusammenlegen (siehe S. 97). Weitere 30 Minuten kühl stellen.

Strudelteig

500 gr feines Vollweizenmehl
3 EL Sonnenblumenöl
1/4 l Wasser
etwas Meersalz

Alle Zutaten mischen und zu einem glatten Teig verkneten. Gute 20 Minuten lang kneten, dann zu einer Kugel formen, mit Öl bestreichen und in einer Schüssel zugedeckt eine Stunde an einem warmen Ort rasten lassen.

Brandteig

150 gr feines Vollweizenmehl
80 gr Pflanzenmargarine
etwas Meersalz
1/4 l Wasser

Das Wasser mit der Pflanzenmargarine und dem Meersalz zum Kochen bringen. Das Vollkornmehl einrühren. Bei schwacher Hitze weiterrühren, bis sich der Teigkloß vom Kochtopfboden löst. Den Teig in eine Schüssel geben und auskühlen lassen.

Sauerteigrezept

Dieser Teig wird anstelle von Hefeteig verwendet, da er leichter verdaulich ist

1 kg Vollweizenmehl
250 gr Pflanzenmargarine
etwas Meersalz
1/2 l warmes Wasser
gerieb. Schale einer Zitrone
1 Teelöffel Sauerteiggrundansatz
(5 Eßlöffel feinen Roggenschrot mit etwas Wasser und Gerstenmalz zu einem dünnen Teig verrühren und 3 Tage zugedeckt stehen lassen).

Alle Zutaten zu einem glatten Teig verkneten und diesen zugedeckt für 3 Stunden an einem warmen Ort rasten lassen.

Plumpudding (S. 67)

Griechische Liebesstreifen (S. 47)

Ahornbonbons (S. 92)

Nordische Gewürzblüten (S. 34)

A) KUCHEN UND TORTEN

Apfel-Orangen-Kuchen

Durch die Verwendung von Tofu hat dieser Obstkuchen einen sehr lockeren und leichten Boden.

150 gr Vollweizenmehl
125 gr Tofu
100 gr Pflanzenmargarine
1 Tasse Reismalz
etwas Meersalz
1 Tasse Vollkornbrösel
2 Äpfel, 2 Orangen
1 Glas Marillenmarmelade (ungezuckert)

Das Mehl auf ein Backbrett geben. In die Mitte eine Vertiefung machen, die Margarine, das Reismalz und das Meersalz hineingeben. Den Tofu mit den Händen leicht auspressen und ebenfalls dazugeben. Den Teig gut kneten, mit einem feuchten Tuch umwickeln und über Nacht in den Kühlschrank geben. Dünn ausrollen, auf ein befeuchtetes Backblech legen, mit Vollkornbrösel bestreuen und geschälten Apfel- und Orangenscheiben belegen. Auf Wunsch kann der Teig vorher mit Marillenmarmelade bestrichen werden. 30-45 Minuten bei 220° C backen.

Baklava

Füllung: *250 gr. Walnüsse*
1/2 Tasse Reismalz
Naturvanille
Guß: *1 Glas Wasser*
Saft von 3 Zitronen
1/2 Tasse Reismalz

Eine Auflaufform mit Alufolie auslegen. Schichtweise Blätterteig

19

und Füllung hineingeben. Die oberste Schicht soll Teig sein. Das Ganze in Stücke von 4 x 6 cm Größe schneiden und mit dem Guß überziehen. Für 40 Minuten bei 220° C backen.

Rhabarber-Reis-Kuchen

Bei diesem Kuchen wird anstelle von Mehl ganzes Getreide verwendet.

500 gr Vollreis
1 l Wasser
50 gr Kokosraspel
1 Tasse Rosinen
1/2 Tasse Amazake
etwas Nelkenpulver und Zimt
eine Prise Meersalz
750 gr frischer Rhabarber

Den Vollreis waschen und mit etwas Meersalz 40 Minuten kochen. Inzwischen den Rhabarber schälen und in kleine Stücke schneiden. Mit dem gekochten Reis und den übrigen Zutaten vermischen und auf ein Backblech geben. Mit Kokosraspeln bestreuen und eine Stunde bei 210° C backen.

Apfelkuchen mit Gitter

Bei diesem Kuchen aus Mürbeteig können Sie statt Äpfeln auch Kirschen, Birnen oder Aprikosen nehmen.

Füllung: 1 kg Äfel, feinblättrig geschnitten
1/2 Tasse Rosinen
etwas Meersalz
Zimt

Den Mürbeteig 5 mm dick ausrollen und 2/3 davon auf ein Backblech legen. Mit der Füllung belegen, den restlichen Teig in schmale Streifen schneiden und als Gitter über dem Belag anordnen. Eine Stunde bei 210° C backen.

Früchtebrot

Dieses Rezept schmeckt nicht nur zu Weihnachten, zählt jedoch zu den traditionsreichsten Gebäckarten für diese Jahreszeit. Es wird auch Kietzen- oder Butzelbrot (Kietzen und Butzeln sind getrocknete Birnenschnitzen) genannt.

1 kg Vollweizenmehl
1/2 l warmes Wasser
etwas Meersalz
125 gr Rosinen
125 gr gehackte Mandeln
125 gr gehackte Haselnüsse
250 gr getrocknete Pflaumen
250 gr getrocknete Birnen
1 TL Zimt
1 TL Naturvanille
gerieb. Schale einer Zitrone
1 TL Sauerteiggrundansatz

Die Früchte für 2 Stunden einweichen, im Einweichwaser 15 Min. kochen. Dann zerkleinern und mit den übrigen Zutaten gut vermischen. Den Teig 10 Min. kneten und in eine mit halbierten Mandeln ausgelegte Kastenform geben. Zugedeckt 12 Stunden rasten lassen und dann eine Stunde bei 200° C backen.

Ausgezogener Apfelstrudel

Eine typisch österreichische Spezialität, die auch gut mit warmer Vanillesauce (siehe Rezept) schmeckt.

Füllung: *1 kg Äpfel*
250 gr Rosinen
250 gr Vollkornbrösel
Zimt

Einen Strudelteig zubereiten. Nach dem Rasten den Teig auf einem bemehlten Baumwolltuch ausrollen und mit den Händen hauchdünn ausziehen. Mit den feinblättrig geschnittenen Äpfeln und Rosinen belegen. Die Vollkornbrösel in etwas Öl anrösten und mit dem Zimt zusammen über die Äpfel streuen. Mit Hilfe des Tuches zusammenrollen, auf ein geöltes Blech geben und 40 Minuten bei 210° C knusprig braun backen.

Kirschenstrudel

Füllung: *1 kg Kirschen, entsteint*
etwas Meersalz
1 Tasse Vollweizengrieß

Strudelteig zubereiten und verarbeiten wie Apfelstrudel. Als Füllung jedoch werden die Kirschen und der gedämpfte Vollweizengrieß über den Teig verteilt. Dazu wird der Grieß trocken geröstet und mit 1/2 Tasse kochendem, gesalzenem Wasser unter ständigem Rühren aufgegossen. Dann auf kleiner Flamme 15 Min. ziehen lassen.

Tofustrudel

Dieser mit Sojabohnenquark zubereitete Strudel ist eine Nachahmung des bekannten Käse- oder Topfenstrudels. Mit warmer Vanillesauce serviert ergibt er den österreichischen „Millirahmstrudel".
Einen Strudelteig zubereiten und mit folgender Füllung belegen:

400 gr Tofu mit etwas Naturvanille
gerieb. Zitronenschale
6 Eßlöffel Reismalz
und etwas Wasser im Mixer pürieren.
Mit 1/2 Schale Rosinen
und einem TL Miso vermischen.

Danach wie Apfelstrudel verarbeiten.

Apfel-Mohn-Strudel

Diese köstliche ungarische Spezialität stammt von Frau Mumi Krupica aus Österreich, die dort für ihre vielfältigen Vollkornbackkünste bekannt ist.

Die Zubereitungsart ist dieselbe wie beim Apfelstrudel. Der Teig wird mit 1/2 kg blättrig geschnittenen Äpfeln und folgender Mohnfüllung belegt:

Mohnfüllung: 500 gr geriebener Mohn
2 Tassen Reismalz
Naturvanille
gerieb. Schale einer Zitrone
1/2 Tasse Rosinen, gewaschen

In 1/2 l Wasser die Rosinen, Reismalz, Naturvanille und Zitronenschale zum Kochen bringen, den Mohn einrühren und 15 Min. auf kleiner Flamme kochen lassen. Backzeit wie Apfelstrudel.

Mohnkuchen

Mürbeteig 1 cm dick auf ein Backblech geben und hellbraun bei 210° C backen. Dann mit Mohnfüllung (wie oben) bestreichen und mit gehobelten Mandeln bestreuen. Weitere 15 Minuten backen und in Schnitten schneiden.

Streuselkuchen

Einen Teig nach dem Sauerteigrezept zubereiten und ein Backblech damit belegen. Mit halbierten Aprikosen belegen und mit Streusel bestreuen.

Streusel: 300 gr. Vollweizenmehl mit 200 gr kalter Pflanzenmargarine verkneten, etwas Zimt und Naturvanille sowie 3 EL Reismalz dazugeben.

Die Masse zu kleinen Streuseln bröseln. Den Kuchen bei 180°-200° C für 50 Minuten backen.

Sachertorte

Mit dieser Torte holen Sie sich den Zauber eines echten „Wiener Kaffeehauses" in Ihre Wohnung.

1/2 kg Bulgurweizen zu Grieß gemahlen
250 gr gerieb. Haselnüsse
400 gr Tofu
1/2 Tasse Reismalz
1 Tasse Carob
etwas Naturvanille
etwas Meersalz
gerieb. Schale einer Orange

Den Grieß mit den Haselnüssen, Naturvanille, Meersalz, Orangenschale und Carob vermischen. Den Tofu mit 1/2 l Wasser und dem Reismalz im Mixer pürieren. Alles vermischen und die Masse für 10 Minuten rasten lassen. In eine geölte Tortenform geben und eine Stunde bei 200° C backen. Mit Carobcreme (siehe Rezept) überziehen).

Malakofftorte

Die Torte ist schnell zubereitet und braucht nicht gebacken zu werden.

2 Packungen Vollkornweizenzwieback, ungesüßt
1 Tasse Instant-Getreidekaffee
1/2 Glas Haselnußmus
1/2 Tasse Pfeilwurzelmehl
3 EL Agar-Agar-Flocken
1 Tasse Gersten- oder Reismalz
gerieb. Schale einer Zitrone
etwas Naturvanille
etwas Meersalz

Den Getreidekaffee in 1 l warmem Wasser auflösen, den Zwieback auf ein Backblech legen und mit dem Kaffee übergießen. Dann 1/2 1 Wasser mit dem Haselnußmus, Malz, Agar-Agar-Flocken und Gewürzen zum Kochen bringen. Das Pfeilwurzelmehl mit etwas kaltem Wasser anrühren und unter ständigem Rühren in das kochende Wasser geben. Für 10 Minuten auf kleiner Flamme kochen, daß es dick wird. Auskühlen lassen und abwechselnd eine Lage Zwieback und die Creme in eine Tortenform schichten. Wenn die Creme erkaltet ist, läßt sich die Torte aufschneiden.

Erdbeertorte

Bei dieser Torte können die Erdbeeren auch durch anderes Obst ersetzt werden.

Einen Mürbeteig mit zusätzlich 100 gr geriebenen Haselnüssen zubereiten und eine geölte Obsttortenform damit auslegen und bei 200° C goldbraun backen. Die Torte stürzen, mit Erdbeermarmelade bestreichen und mit halbierten Erdbeeren belegen. Mit einem Agar-Agar-Gelee überziehen.

Agar-Agar-Gelee: 1/2 l Wasser mit 1/4 Päckchen Agar-Agar-Flocken zum Kochen bringen. 10 Minuten leicht kochen lassen. Mit 3 EL Reismalz süßen und auskühlen lassen. Lauwarm über die Erdbeeren gießen. Beim Erkalten wird der Gelee fest.

Verwenden Sie Agar-Agar nur in Stangen- oder Flockenform. Das im Handel erhältliche Agar-Agar-Pulver wird durch Fällung mit Kalium-Chlorid gewonnen und meistens chemisch gebleicht.

Linzer Torte

Dies ist eine sehr bekannte Gewürztorte aus Österreich.

1 kg Vollweizenmehl
500 gr Pflanzenmargarine
500 gr geriebene Mandeln
gerieb. Schale einer Zitrone
etwas Zimt und Naturvanille
1 EL Miso
300 gr Gersten- oder Reismalz
1/2 Glas Johannisbeermarmelade (ungezuckert)
2 EL Mirin
etwas gemahlene Nelken

Alle Zutaten mit etwas Wasser zu einem glatten Teig verarbeiten. 30 Minuten kühl ruhen lassen, 2/3 des Teiges ausrollen und in eine geölte Springform geben, mit Marmelade bestreichen. Den restlichen Teig ausrollen, feine Streifen ausschneiden und gitterförmig über die Marmelade legen. Das Gitter mit Reismalz bestreichen und die Torte eine Stunde bei 180° C backen.

Tofu-Torte

Eine leichte und erfrischende Sommertorte mit Mürbeteigboden.

500 gr Tofu
1/2 Tasse Reismalz
100 gr getrocknete Aprikosen
etwas Naturvanille
gerieb. Schale einer Zitrone

Eine geölte Tortenform mit Mürbeteig dünn auslegen. Die Aprikosen für 15 Min. kochen und mit den übigen Zutaten im Mixer pürieren. Den Tortenboden damit belegen und 50 Minuten bei 120°-200° C backen.

Tortenverzierung

Hier ein Rezept für eine Creme, die man mit dem Spritzsack oder einer Tortenspritze gut für Verzierungen verwenden kann.

1/4 l Sojamilch

2 EL Agar-Agar-Flocken
3 EL Mandelmus
3 EL Pfeilwurzelmehl
1 EL Reismalz

Die Sojamilch mit dem Mandelmus und Reismalz aufkochen lassen. Dann die Agar-Agar Flocken einrühren und ebenso das in etwas kaltem Wasser aufgelöste Pfeilwurzelmehl. 3 Minuten unter ständigem Rühren kochen lassen. Diese etwas feste Creme lauwarm auskühlen lassen und dann verwenden. Wenn sie kalt ist, läßt sie sich nicht mehr spritzen, da sie dann fest wird.

B) KEKSE UND KLEINGEBÄCK

Mokka-Eclair

Dieses französische Dessert wird auch Liebesknochen genannt.

Einen Brandteig zubereiten und mit dem Spritzsack 8 cm lange Streifen auf ein geöltes Backblech spritzen. Bei 210°C für 20 Min. backen, noch warm die Deckel abschneiden und wie folgt füllen:

Mokkafüllung: 1/2 l Sojamilch
5 EL Maisstärke
5 EL Instant-Getreidekaffee
5 EL Reismalz
etwas Naturvanille und Meersalz

Die Sojamilch mit dem Getreidekaffee, Reismalz, Salz und Naturvanille aufkochen. Das Maismehl einrühren und 10 Min. leicht kochen lassen. Die Creme etwas auskühlen lassen, dann wird sie eindicken.

Windbeutel mit Mandelcreme

Einen Brandteig zubereiten und mit dem Spritzsack kleine Teighäufchen auf ein geöltes Backblech setzen und 12-15 Minuten bei 210° C backen. Diese noch warm aufschneiden und mit folgender Creme füllen, Deckel wieder aufsetzen.

Mandelcreme: 1/2 l Sojamilch
5 EL Maisstärke
5 EL Mandelmus
5 EL Reismalz
etwas Naturvanille und Meersalz

Die Sojamilch mit Mandelmus, Reismalz, Salz und Naturvanille aufkochen. Das Maismehl einrühren und 10 Min. leicht kochen lassen. Die Creme auskühlen lassen.

Florentiner

Diese Nußspezialität hat ihren Ursprung in Florenz, ist jedoch schon weit über Italien hinaus berühmt.

250 gr Sojamilch
3 EL Reismalz
200 gr gehobelte Mandeln
40 gr selbstgemachte Aranzini (siehe Rezept)
50 gr Vollweizenmehl
50 gr Pflanzenmargarine
150 gr halbierte Mandeln
Naturvanille, Zimt
etwas Carobcreme (siehe Rezepte)

Die Margarine mit der Sojamilch aufkochen. Mandeln mit Aranzini, Reismalz, Vanille, Zimt und Mehl mischen, in die heiße Milch rühren und einige Minuten schwach kochen lassen. Auf ein mit Alufolie belegtes Blech Häufchen setzen, halbierte Mandeln daraufgeben und bei 210° C ca. 45 Min. backen. Die fertigen Florentiner sofort vom Blech lösen, die Unterseite mit der Carobcreme bestreichen und trocknen lassen.

Husarenkrapferl

Bei dieser Keksart wird ein Mürbeteig mit 200 gr gerösteten und geriebenen Haselnüssen zubereitet.
Den Teig zu kleinen Kugeln formen, eine Vertiefung eindrücken, auf ein Backblech geben und 25 Min. bei 210° C backen. Noch heiß in jede Mulde etwas Erdbeermarmelade füllen.

Linzer Radeln

Einen Mürbeteig zubereiten, ausrollen und runde Kekse ausstechen. Jedes zweite davon soll 3 Löcher haben. In 25 Min. bei 210° C goldbraun backen und auskühlen lassen. Die Kekse mit Erdbeermarmelade bestreichen und mit den durchlöcherten Deckeln zusammenklappen. Anstelle von Puderzucker mit Mehl oder Kinako bestäuben.

Wiener Vanillekipferl

Einen Mürbeteig mit 250 gr geriebenen Mandeln und 100 gr Weizenkeimen zubereiten. Den Teig nach und nach zu bleistiftdicken Röllchen formen und in 5 cm lange Stücke schneiden. Zu Kipferln biegen und bei 210° C backen. Noch heiß mit Reismalz bestreichen und in geriebenen Mandeln wälzen.

Garibaldi

Einen Blätterteig ausrollen, in zwei gleiche Hälften teilen und eine davon mit Reismalz bestreichen. Darauf Rosinen verteilen, die zweite Teighälfte darüberlegen und in gleichmäßige Rechtecke schneiden. Auf ein Backblech geben und 25 Minuten bei 230° C backen.

Marmeladenhörnchen

Für diese knusprigen Hörnchen einen Blätterteig zubereiten, ausrollen und in 7 cm große Quadrate schneiden. Diese mit ungezuckerter Marmelade füllen, zusammenklappen und Hörnchen formen. Goldbraun backen bei 230° C.

Nußhörnchen

Einen Mürbeteig ausrollen, in 7 cm große Quadrate schneiden und mit folgender Füllung belegen:

Nußfüllung: 250 gr geriebene Walnüsse
1/2 Tasse Reismalz
gerieb. Schale einer Zitrone
5 EL Rosinen
Naturvanille

In 1/4 l Wasser die Zutaten außer den Nüssen zum Kochen bringen. Dann die Nüsse einrühren und 15 Min. leicht kochen lassen.
Die Quadrate zusammenklappen und zu Hörnchen formen. Bei 210° C in 25 Minuten backen.

Tofu-Golatschen

Blätterteig ausrollen, in Quadrate schneiden und in die Mitte einen Eßlöffel Tofufüllung (wie für Tofustrudel) geben. Die vier Enden übereinanderschlagen, in die Mitte eine aus Teig ausgestochene Blume geben, rasch backen bei 230° C.

Apfelpyramiden

Ebenfalls ein Gebäck aus Blätterteig.

Füllung: *1 kg Äpfel waschen, feinblättrig schneiden und mit Zimt und 1 Tasse Rosinen vermischen.*

Blätterteig ausrollen, in gleichmäßige Quadrate schneiden und auf jedes etwas Füllung geben. Die Quadrate zusammenklappen und die Enden mit einer Gabel festdrücken. Goldbraun backen bei 230° C.

Gefüllte Walnußplätzchen

Einen Mürbeteig mit zusätzlich 100 gr geriebenen Walnüssen zubereiten. Runde Plätzchen ausstechen und goldbraun backen bei 210° C. Zwei und zwei zusammenlegen und mit einer etwas dickeren Carobcreme (siehe Rezept) füllen. Eine Walnußhälfte mit Ahornsyrup bestreichen und auf die Plätzchen kleben.

Bethmännchen

Das Gebäck hat seinen Namen von der Frankfurter Patrizierfamilie Bethmann, welche es um 1830 erfunden hat.

1 Glas Mandelmus
1/2 Tasse Reismalz
65 gr geschälte, halbierte Mandeln
60 gr Maisstärke

Das Mandelmus mit dem Reismalz erwärmen und die Maisstärke einrühren, bis es dicklich wird. Die Masse kalt stellen, dann kleine

Kugeln formen, auf ein geöltes Backblech geben und mit je 3 Mandelhälften versehen. Die Kugeln goldbraun backen bei 210° C.

Schwarz- und Weißplätzchen

500 gr Vollkornmehl
250 gr Pflanzenmargarine
1/2 Tasse Reismalz
1 Tasse Carob
1/2 Tasse Instant-Getreidekaffee

Die Margarine in Flöckchen zum Mehl geben und mit Reismalz und Wasser zu einem glatten Teig verarbeiten. Zur Hälfte des Teiges den Kaffee und Carob dazumischen. Die Teige für eine Stunde kalt stellen. Dann den hellen und dunklen Teig aufeinanderlegen und zusammenrollen. Wieder eine Stunde kalt stellen. Danach in dünne Scheiben schneiden und bei 210°-230° C für 20 Min. backen.

Mandeldreiecke

Sie können bei diesem Rezept anstelle von Mandeln auch Pinienkerne oder grob gehackte Walnüsse verwenden.

5 Tassen feine Haferflocken
250 gr Mandelsplitter
125 gr Pflanzenmargarine
Naturvanille, Zimt, Mandelstifte zum Bestreuen
5 EL Gersten- oder Reismalz

Die Haferflocken mit der Pflanzenmargarine vermischen. Die übrigen Zutaten dazugeben und zu einem Teig verkneten. Auf ein geöltes Backblech geben und dort ausrollen. Mit Ahornsyrup bestreichen und Mandelstiften bestreuen. Bei 210°C für 30 Minuten backen. Nach dem Auskühlen in Streifen und diese in Dreiecke schneiden.

Nani's Cookies

4 Tassen feine Haferflocken
etwas Meersalz
gerieb. Schale einer Orange
2 Tassen geriebene Haselnüsse
2 EL Pflanzenmargarine
5 EL Reismalz
etwas Naturvanille
ganze Haselnüsse zum Verzieren

Alle Zutaten mit soviel warmem Wasser vermischen und kneten, daß ein weicher Teig entsteht. Von diesem kleine Stücke abbrechen und zu Kugeln formen. Auf ein geöltes Backblech setzen und mit einer ganzen Haselnuß verzieren. Knusprig backen bei 210° C.

Nordische Gewürzblüten

100 gr Pflanzenmargarine
150 gr Reismalz
250 gr Vollweizenmehl
1/2 TL gemahlener Ingwer
1/2 TL Zimt
1/2 TL Lebkuchengewürz, etwas Meersalz

Die Margarine cremig rühren; Mehl und Gewürze mischen und mit dem Reismalz zur Margarine geben. Den Teig 1-2 Stunden kaltstellen, dünn ausrollen und runde Plätzchen mit 5 cm Durchmesser und blütenförmige Plätzchen mit 3 cm Durchmesser ausstechen. Auf geöltem Blech bei 210° C für 30 Minuten backen und mit ungezuckerter Marmelade zusammensetzen.

Tofu-Fruchtcreme (S. 72)

Erdbeertorte (S.25)

Kürbiskanten (S. 74)

Linzer Radeln (S. 30)

Kokosbusserl

Dieses Gebäck ist auch bekannt als Kokosmakronen.

125 gr Pflanzenmargarine
125 gr Kokosflocken
135 gr Vollweizenmehl
1/2 Tasse Gerstenmalz

Die Margarine cremig rühren und das Mehl und die Kokosflocken dazumischen. Zum Schluß das Gerstenmalz zufügen. Kleine Häufchen auf ein geöltes Blech setzen und bei 210° C für 25 Min. backen.

Kokohkekse

1 Tasse Kokoh
1 Tasse Vollweizenmehl
4 EL Sonnenblumenöl
etwas Meersalz
5 EL Reismalz

Die Zutaten mit soviel Wasser verkneten, bis ein elastischer Teig entsteht. Verschiedene Formen ausstechen, 15-20 Minuten bei 230° C backen.

Leckerli

200 gr Pflanzenmargarine
5 EL Reismalz
6 EL Carob
etwas Naturvanille
14 EL Vollweizenmehl

Die Margarine mit dem Schneebesen schaumig rühren. Die anderen Zutaten langsam dazurühren. In eine Tortenspritze füllen und auf ein geöltes Backblech kleine gewellte Streifen spritzen. Ungefähr 20 Minuten bei 210° C backen.

Buchweizenbrezeln

Diese Brezeln sind ein Knabbergebäck, welches man für längere Zeit aufbewahren kann.

150 gr Buchweizenmehl
100 gr Vollweizenmehl
120 gr gemahlene Mandeln
80 gr Pflanzenmargarine
50 gr grob gemahlene Mandeln
6 EL Reismalz
etwas Meersalz

Beide Mehlsorten, die Mandeln, Salz und Reismalz vermischen. Die zerlassene Margarine und etwas kaltes Wasser zugeben, zu einem Teig verkneten. Mit bemehlten Händen Brezeln formen, auf ein Backblech geben und 25 Min. bei 210° C backen.

Zimtsterne

250 gr feine Haferflocken
50 gr gemahlene Mandeln
150 gr Margarine
4 gr Zimt, etwas Meersalz
gerieb. Schale einer halben Zitrone
5 EL Reismalz
100 gr feines Vollweizenmehl

Die Haferflocken in einer Pfanne leicht anrösten und mit den übrigen Zutaten und eventuell etwas Wasser verkneten. 2 Stunden in den Kühlschrank geben. Dann dünn ausrollen und Sterne ausstechen. 15 Minuten bei 230° C backen.

Lebkuchen

Dieses Wort stammt vom mittelhochdeutschen „lebbe" ab, was „süß" bedeutet.

1 kg Vollweizenmehl
500 gr Pflanzenmargarine
500 gr Gersten- oder Reismalz
2 EL Rosenwasser
2-3 EL Lebkuchengewürz
1 EL Miso
gerieb. Schale einer Orange
300 gr geröstete und geriebene Mandeln
150 gr gehackte Walnüsse

Das Malz mit der Pflanzenmargarine erwärmen, bis es flüssig ist Abkühlen lassen und mit den übrigen Zutaten zu einem festen Teig verkneten. In ein Tuch wickeln und einen Tag kühl stellen. Den Teig ausrollen und auf ein gefettetes Blech geben. Im Backofen bei 175 Grad 25 Minuten backen. Noch warm in Stücke schneiden, mit Gerstenmalz bestreichen und mit geschälten Mandeln verzieren.

Ingwermännchen

In den USA werden diese Männchen als Weihnachtsbaumbehang verwendet.

250 gr Vollweizenmehl
4 EL Reismalz
1 gestrichener Teelöffel feingemahlener Ingwer
5 EL Wasser

Alles gut vermischen und zu einem geschmeidigen Teig kneten. Nach Belieben kleine Männchen formen, auf ein Backblech geben und 25 Min. bei 210° C backen.

Buchweizenstangerl

Diese Kekse stammen aus Japan und werden nicht gebacken, sondern fritiert.

1 Tasse Vollweizenmehl
1/2 Tasse Buch weizenmehl
etwas Meersalz
1 EL Sesamöl
1/2 Tasse Wasser
Sonnenblumenöl zum Fritieren

Alle Zutaten gut verkneten, den Teig ausrollen; in 3 cm breite Streifen schneiden und davon 3 mm breite Stangerln abschneiden. Sonnenblumenöl heiß machen, die Stangerln nach und nach fritieren, auf Küchenpapier abtropfen lassen.

Chinesische Dattelschnitten

Diese Schnitten sind ein herrliches Weihnachtsgebäck.

250 gr Vollweizenmehl
1 Tasse Reismalz
100 gr gehackte Walnüsse
150 gr entkernte Datteln, kleingehackt
etwas Meersalz

Alle Zutaten gut verkneten, bei Bedarf etwas Sojamilch zugeben. Den Teig 1 cm dick ausrollen und auf ein geöltes Backblech geben. Bei 230° C für 30 Min. backen und noch warm in rechteckige Schnitten schneiden. Mit Reismalz bestreichen und Zimt bestreuen.

Zitronenkekse

Ein sommerliches Keksrezept.

250 gr Maismehl
150 gr Pflanzenmargarine
3 EL Zitronensaft
gerieb. Schale einer Zitrone
Naturvanille
50 gr Rosinen, gewaschen
3 EL Reismalz
etwas Meersalz

Das Maismehl mit der Vanille, Salz, Rosinen und Zitronenschale gut vermengen. Anschließend die Margarine, Zitronensaft und Reismalz dazugeben und zu einem Teig kneten. Kleine Kugeln formen und auf ein geöltes Backblech geben, 10 Minuten bei 230° C backen.

Sesamspiralen

Die Spiralen sind ein leichtes Salzgebäck für den Hunger zwischendurch.
Blätterteig dünn ausrollen, 2 cm breite und 5 cm lange Streifen abschneiden. Diese an beiden Enden fassen und zu einer 3-fachen Spirale drehen. Auf ein Backblech legen, mit Shoyu (Sojasauce) bestreichen und etwas Sesam bestreuen. Für 25 Minuten bei 230° C backen.

Punschkugeln

Ein willkommenes Dessert für den Silvesterball.

1 Packung Vollkornzwieback, ungesüßt
6 EL Apfel-Birnen-Konzentrat
1/2 Tasse Mirin
Saft von 1 Orange
100 gr geriebene Haselnüsse
Den Zwieback zerbrechen und mit Mirin und Wasser begießen.

Dann die anderen Zutaten verkneten. Zu Kugeln formen und in gehackten Nüssen wälzen.

Bulgarische Hagebuttenplätzchen

Einen Mürbeteig zubereiten, ausrollen und kleine Ringe ausstechen. Auf ein geöltes Backblech geben und 25 Min. bei 210° C backen.
Noch heiß mit Hagebuttenmarmelade füllen und zu Doppelringen zusammensetzen.

Nußschnecken

Ein Gebäck für die Nachmittags- Kaffeestunde.
Teig nach dem Sauerteigrezept zubereiten. Dann 5 mm dick rechteckig ausrollen, mit zerlassener Margarine bestreichen. Auf dem Teig dann 135 gr Rosinen, gewaschen und 10 Minuten eingeweicht, 65 gr geriebene Mandeln und 1/2 Tasse Reismalz verteilen. Den Teig aufrollen und 1 cm dicke Scheiben abschneiden, auf dem Backblech 20 Minuten gehen lassen und dann bei 230° C für 40 Minuten backen.

Schwarze Kometen

200 gr Pflanzenmargarine
300 gr Vollweizenmehl (sehr fein)
50 gr Carob
1/2 Tasse Reismalz
etwas Meersalz

Die Margarine cremig rühren, das Mehl mit Salz und Carob mischen und portionsweise hineinarbeiten. Zum Schluß das Reismalz unterziehen. Die Masse in einen Spritzbeutel füllen und kleine Röschen mit einem Kometenschweif auf ein geöltes Backblech spritzen. Sofort backen bei 230° C.

*"Die Entdeckung eines neuen Gerichtes
macht die Menschheit glücklicher als
die Entdeckung eines Sternes "*

Aus *Physiologie des Geschmacks* , 1826
Jean Brillat-Savarin

C) WARME UND KALTE NACHSPEISEN

Reisauflauf

Ein sehr bekömmlicher Auflauf aus ganzem Getreide.

1 Tasse Vollkornreis
2 Tassen Sojamilch
1/2 Tasse gewaschene Rosinen
50 gr Pflanzenmargarine
1 Tasse Reismalz
1 Zimtrinde
1 Stück Zitronenschale
etwas Meersalz
200 gr Tofu

Den Reis mit der Sojamilch, Zimtrinde, Zitronenschale und Meersalz kochen. Die Pflanzenmargarine, Rosinen und Reismalz daruntermischen. Den Tofu im Mixer pürieren und ebenfalls daruntermengen. In eine geölte und mit Vollkornbrösel ausgelegte Form füllen und 30 Minuten bei 250° C backen.

Gebackener Scheiterhaufen

Eine in Österreich traditionelle Nachspeise.

5 Grahambrötchen
500 gr Äpfel
gerieb. Schale einer Zitrone
50 gr Rosinen
100 gr gehackte Haselnüsse
1 Tasse Reismalz, etwas Zimt

Die Brötchen in Scheiben schneiden und in einer Schüssel mit dem Reismalz und 1/2 Tasse Wasser übergießen. Die Äpfel schälen, entkernen und feinblättrig schneiden. Die Nüsse, Zitronenschale und Zimt unter die Brötchen mischen. In eine geölte Auflaufform eine Lage Brötchen und eine Lage Äpfel mit den Rosinen abwechselnd schichten. 40 Minuten bei 250°C backen und in Portionen teilen.

Mohnnudeln

Auch mit Nudeln lassen sich Nachspeisen machen. Probieren Sie dieses Rezept auch mit Walnüssen anstelle von Mohn.

1 Packung Vollkorn-Bandnudeln
1/4 l Sojamilch
5 EL Reismalz
100 gr geriebener Mohn

Die Nudeln in Salzwasser kochen. Die Sojamilch mit dem Reismalz erhitzen und den Mohn einrühren. 10 Minuten leicht kochen lassen. Dann die Mohnfüllung unter die gekochten Nudeln mischen. Warm servieren.

Rosinenkrapfen

Einen Brandteig zubereiten und zum Schluß 100 gr Rosinen und 100 gr gehackte Mandeln zufügen. Mit einem Eßlöffel Krapfen ausstechen, in heißem Öl schwimmend ausbacken.

Süße Mochi

Mochi bekommen Sie fertig zu kaufen. Es sind Stücke aus gedämpftem Süßreis, der gestampft wurde. Nach dem Erkalten wird die Masse fest. Gut verpackt sind Mochi dann lange haltbar. Sie sind ein Energiespender für groß und klein und in Japan ein Festtagsessen.
Die Mochi in 5 mm dicke Scheiben schneiden, in heißem Öl fritieren (dürfen nicht aufplatzen). 5 EL Gerstenmalz in einer Schale Wasser auflösen, die fritierten Mochi darin eintauchen und dann in Kinako wenden.

Tofu-Krapfen

250 gr Tofu
50 gr Pflanzenmargarine
125 gr Vollweizenmehl
3 EL Reismalz
Naturvanille, Zimt

Die Margarine mit Reismalz, Zimt und Vanille schaumig rühren, das Mehl und den pürierten Tofu dazugeben, kräftig durchmischen. Mit dem Eßlöffel kleine Krapfen abstechen und in heißem Öl schwimmend backen.

Storchennester

Zu diesem Rezept schmeckt Apfelkompott sehr gut.

300 gr Vollweizenmehl
2 EL Reismalz
1/8 l Sojamilch
etwas Meersalz
Naturvanille

Das Mehl mit Salz, Reismalz und Vanille vermischen. Mit der Sojamilch einen festen Teig daraus machen. Walnußgroße Stücke formen, auf ein bemehltes Brett legen, mit Mehl bestäuben und 30 Minuten rasten lassen. Den Teig ausrollen, 1/2 cm breite Streifen ausradeln, den Rand nicht verletzen. Vorsichtig aufheben und in heißem Öl hellbraun ausbacken. Mit Zimt bestreuen.

Griechische Liebesstreifen

Bereiten Sie einen Mürbeteig zu und geben zusätzlich die geriebene Schale von einer Orange dazu.
Den Mürbeteig messerrückendick ausrollen und 2 x 15 cm große Streifen ausschneiden. In jeden Streifen einen lockeren Knoten machen und in heißem Öl ausbacken. Mit Reismalz bestreichen und Zimt und geriebenen Walnüssen bestreuen.

Heidelbeeromelette

1 Schale Vollweizenmehl
1 Schale frische Heidel- *oder Blaubeeren*
3 EL Reismalz
etwas Meersalz

Aus allen Zutaten mit Wasser einen dicklichen Teig zubereiten, so daß er noch in die heiße Pfanne fließen kann. Man muß etwas mehr Öl als bei gewöhnlichen Pfannkuchen nehmen, da sich diese leichter anlegen durch die Früchte. Auf beiden Seiten goldbraun backen.

Azuki-Manju

Diese Teigtäschchen kommen aus Japan und können auch mit pikanter Gemüsefüllung zubereitet werden.

3 Tassen Vollweizenmehl
1 Tasse Amazake
2 Tassen Azukibohnenpüree (Azukibohnen kochen und im
Mixer pürieren)
3 EL Reismalz
etwas Meersalz
Zimt
3 EL Sonnenblumenöl

Aus dem Mehl, Meersalz, Öl und etwas warmem Wasser einen geschmeidigen Teig machen. Ausrollen, Scheiben von 5 cm Durchmesser ausstechen, eine Hälfte mit einer Füllung aus den pürierten Azukibohnen, Reismalz, Amazake und Zimt bestreichen, zuklappen und den Rand mit einer Gabel festdrücken. Diese kleinen Halbmonde nun in einem Bambusdämpfer dämpfen oder in Salzwasser kochen.

Aprikosen- und Erdbeereis (S. 88)

Lustiger Igel (S. 51)

Obstknödel (S. 54)

Wiener Vanillekipferl (S. 31)

Coupe Poire Hélène

— Ein bekanntes Eisdessert aus Frankreich —

3 reife Birnen
1/2 Tasse Wasser
2 EL Reismalz
1/2 Tasse Nougatcreme (siehe Rezept)
etwas Tofu-Eiscreme (siehe Rezept)

Die Birnen schälen, halbieren und entkernen. Reismalz mit Wasser aufkochen, die Birnen dazugeben und 15 Minuten leicht dünsten. Erkalten lassen, in eine Glasschale Tofu-Eis geben, eine Birnenhälfte darauflegen und mit warmer Nougatcreme überziehen.

Lustiger Igel

Diese Nachspeise eignet sich gut für ein Kinderfest.

4 gedünstete Birnenhälften
80 gr gestiftelte Mandeln
1/2 Tasse Rosinen
4 EL Carob
1 EL Apfel-Birnen-Konzentrat
4 EL Haselnußmus

Aus dem Carob, Haselnußmus und Apfel-Birnen-Konzentrat mit etwas Wasser eine Creme anrühren. Die Birnenhälften mit der Creme überziehen, das dünne Ende der Birnenhälfte aber etwas frei lassen. (Kopf des Igels) Dorthin 2 Rosinen als Augen stecken. Den Birnenrücken jetzt mit den Mandelstiften bespicken.

Carob-Früchte

Bereiten Sie eine Carobcreme (siehe Rezept) zu. Verschiedene Früchte wie Erdbeeren, Weintrauben, Birnenstücke in die Creme tauchen. Danach auf Partyspießchen stecken.

Hirseauflauf

Ein herrlicher warmer Nachtisch in der Winterszeit.

3 Tassen Hirse
6 Tassen Wasser
etwas Meersalz
4 EL Rosinen
etwas Naturvanille, Zimt
gerieb. Schale einer Zitrone
4 EL Reismalz
1 kg Äpfel

Die Hirse waschen und mit dem Wasser, Meersalz, Rosinen und Zitronenschale kochen. Inzwischen die Äpfel schälen, entkernen und feinblättrig schneiden. Mit dem Reismalz, Zimt und Naturvanille vermischen. In eine geölte Auflaufform die Hälfte der gekochten Hirse einfüllen. Mit den Äpfeln belegen und der restlichen Hirse bedecken. 40 Minuten bei 250° C backen.

Bayerische Hollerküchel

Eine ganz einfache Nachspeise aus duftenden Holunderblüten.

250 gr Vollweizenmehl
1/8 l Sojamilch
etwas Meersalz
3 EL Mirin

Zutaten zu einem dickflüssigen Pfannkuchenteig verarbeiten. Aufgeblühte Holunderblütendolden einzeln in den Teig tauchen (Stiel bleibt frei) und in heißem Öl schwimmend goldgelb backen — sofort mit Zimt bestreuen und servieren.

Milchreis

1 Tasse Vollreis
2 Tassen Sojamilch
2 EL Reismalz
1 Zimtstange
2 Gewürznelken
gerieb. Zitronenschale
etwas Meersalz

Den Reis waschen und mit allen Zutaten weich kochen. Die Zimtrinde rausnehmen, den Reis in Schälchen füllen und mit Zimt bestreut servieren.

Dampfnudeln

Auch Germknödel genannt. Wir machen sie aber nicht mit Germ oder Hefe, sondern mit Sauerteig.
Einen Teig nach dem Sauerteigrezept zubereiten — in große Stücke teilen, mit Powidl füllen, zu Knödeln formen und 30 Minuten gehen lassen. In Salzwasser kochen, mit zerlassener Pflanzenmargarine bestreichen und mit etwas dünnflüssiger Mohnfüllung (wie für Mohnstrudel) überziehen.

Wiener Buchteln

Für dieses Rezept wieder einen Teig nach dem Sauerteigrezept zubereiten. Ausrollen und in 8 x 8 cm große Quadrate schneiden. In die Mitte jedes Teigstücks Powidl geben, die Ecken hochziehen und zusammendrücken. In einer feuerfesten Form etwas Pflanzenmargarine zerlassen, die Buchteln darin wenden und mit etwas Abstand einsetzen. Nach dem Aufgehen sollen sie dicht an dicht stehen. Bei 230° C für 40 Minuten backen.
Köstlich schmecken sie auch mit warmer Vanillesauce (siehe Rezept). Wenn man die Buchteln ungefüllt läßt, werden sie Bayerische Rohrnudeln genannt.

Obstknödel I

Für die Knödel eignen sich Zwetschgen, Aprikosen und Erdbeeren gut.

500 gr Vollweizenmehl
etwas Meersalz
250 gr Tofu
5 EL Reismalz
1 Tasse Vollkornbrösel
1/2 kg frisches Obst

Das Vollweizenmehl mit dem Meersalz, Reismalz und dem pürierten Tofu und etwas lauwarmem Wasser verkneten. Den Teig ausrollen, Scheiben ausstechen und mit dem entkernten Obst belegen. Knödel formen und im Bambusdämpfer dämpfen oder in Salzwasser kochen. Vollkornbrösel in etwas Pflanzenmargarine anrösten und die Knödel darin wälzen. Mit Zimt bestreuen und warm servieren.

Powidltascherl

Dieses Rezept stammt aus Ungarn und sollte nur mit Powidl, nicht mit einer anderen Marmelade zubereitet werden. Der herbe Geschmack vom Powidl macht sie so delikat.
Strudelteig zubereiten, ausrollen und rund ausstechen. Die Teigstücke mit Powidl füllen, zusammenklappen und in Salzwasser kochen. Vollkornbrösel in etwas Pflanzenmargarine anrösten, die Tascherln darin wenden und heiß servieren.

Wiener Palatschinken

1 Tasse Vollweizenmehl
etwas Meersalz
2 EL Sonnenblumenöl
ungezuckerte Marillenmarmelade

Aus dem Mehl, Salz, Öl und etwas Wasser einen dünnflüssigen Pfannkuchenteig zubereiten. In einer geölten Pfanne dünne Pfannkuchen ausbacken.

Tofupalatschinken

In Österreich ein sehr beliebtes Gericht, die „Topfenpalatschin-ken". Wir verwenden dafür Tofu.

1 Tasse Vollweizenmehl
etwas Meersalz
2 EL Sonnenblumenöl, etwas Wasser
Fülle: *500 gr Tofu*
Naturvanille
gerieb. Zitronenschale
3 EL Apfel-Birnen-Konzentrat
1 zerdrückte Umeboshi-Pflaume
3 EL Rosinen, gewaschen

Einen dünnflüssigen Teig machen und Pfannkuchen ausbacken. Mit der Tofufüllung (wie für Tofustrudel) füllen und der Hälfte nach zusammenklappen.

Grieß-Schmarren I

Der Begriff „Schmarren" stammt aus Österreich, man versteht darunter ein süßes Getreidegericht.

1 l Sojamilch
1 EL Pflanzenmargarine
50 gr Rosinen
500 gr Vollweizengrieß
etwas Meersalz
Naturvanille

Die Sojamilch mit Margarine, Rosinen und Gewürzen zum Kochen bringen. Den Grieß einrühren und ausdünsten lassen. In einer Kasserole etwas Pflanzenmargarine zerlassen und die Masse hineingeben. Knusprig backen und dann zerkleinern.

Crêpes „Surprise"

Frankreich bittet zu Tisch.

1 Tasse Vollweizenmehl
etwas Meersalz
2 EL Sonnenblumenöl
2 EL Reismalz

Aus den Zutaten mit etwas Wasser einen Pfannkuchenteig zubereiten, hauchdünne Crêpes daraus backen. Mit Tofusahne (siehe Rezept) füllen und Carobcreme (siehe Rezept) übergießen. Mit gehackten Pinienkernen bestreuen.

Süßkartoffelplätzchen

Die Süßkartoffel hat nichts mit der uns bekannten Kartoffel zu tun. Sie ähnelt ihr im Aussehen, hat einen süßlichen Geschmack und stammt aus Japan.

4 Süßkartoffeln
1/2 Tasse Rosinen
2 EL Reismalz
3 EL Pflanzenmargarine
etwas Meersalz oder 1 TL Miso

Die Süßkartoffeln schälen, 20 Minuten dämpfen und pürieren. Mit Rosinen, Reismalz und Miso mischen. Die Margarine in einer schweren Pfanne zerlassen, aus der Masse kleine Plätzchen formen und auf jeder Seite anbraten. Heiß oder kalt servieren.

Kaiserschmarren

Für dieses österreichische Rezept bereiten Sie einen Pfannkuchenteig aus Vollweizenmehl, Meersalz und Wasser. In einer geölten Pfanne etwas dickere Pfannkuchen backen und diese noch in der Pfanne mit einem Kochlöffel in kleine Stücke zerteilen. Mit Zimt bestreuen und Reismalz beträufeln.

Gebackene Apfelspalten

Ein sehr einfacher und schnell zubereiteter Nachtisch.

3 Äpfel
1 Tasse feines Vollweizenmehl
etwas Meersalz, Zimt

Aus dem Mehl mit Salz und Wasser einen dicklichen Ausbackteig zubereiten. Die Äpfel waschen, entkernen und vierteln. Apfelstücke in Teig tauchen und in heißem Öl fritieren. Mit Zimt bestreuen.

Zwetschgenpavesen

6-8 Grahambrötchen
125 gr Pflaumenmus
Zimt
1 Tasse feines Vollweizenmehl
etwas Meersalz

Wieder einen Ausbackteig zubereiten. Brötchen in Scheiben schneiden und jeweils zwei mit Pflaumenmus zusammensetzen. Durch den Ausbackteig ziehen und fritieren.

Schlosserbuben

100 gr gedörrte Pflaumen, entkernt
1/2 Tasse geschälte Mandeln
1/2 Tasse Vollweizenmehl
etwas Meersalz

Einen Ausbackteig zubereiten, die Pflaumen mit einer Mandel füllen, in den Teig tauchen und in heißem Sonnenblumenöl schwimmend ausbacken. Auf kleine Partyspießchen stecken.

Bratäpfel

Kinder kommt und ratet,
was im Ofen bratet.
Wie es dampft und wie es zischt!
Jetzt wird er bald aufgetischt:
der Zipfel, der Zapfel,
der duftende Apfel!

4 säuerliche Äpfel
2 EL Rosinen
2 EL gehackte Haselnüsse
2 EL Pflanzenmargarine
4 EL Reismalz
Zimt

Die Äpfel waschen und mit einem Apfelbohrer die Kerngehäuse entfernen. Die Äpfel mit Rosinen, Nüssen und Reismalz füllen, mit Margarineflöckchen besetzen und in eine geölte feuerfeste Form stellen. Im Backofen garen bis die Schale leicht aufreißt. Mit Zimt bestreuen.

Porridge mit Früchten

In England serviert man Porridge zum Frühstück.

1 Tasse feine Haferflocken
etwas Meersalz
1/4 Tasse getrocknete Pflaumen
1/4 Tasse getrocknete Aprikosen
7 Tassen Wasser

Das Waser mit dem Meersalz zum Kochen bringen. Die Haferflocken einrühren. Die Früchte zerkleinern und dazugeben. Unter öfterem Umrühren 15 Minuten kochen, dann weitere 10 Minuten auf kleiner Flamme ziehen lassen. Mit Zimt bestreuen und servieren.

Gajar Halwa

Wenn Sie Lust auf etwas Besonderes haben, bereiten Sie sich diese süße indische Möhrenspeise.

700 gr Möhren
1 1/2 l Sojamilch
1 Tasse Reismalz
1/2 Tasse Rosinen
1/4 TL Safran
1/4 TL gemahlener Kardamon
1 EL Rosenwasser
1 EL Pflanzenmargarine
1/2 Tasse gemahlene Mandeln
1/2 Tasse gestiftelte Mandeln

Die Möhren waschen und fein reiben. Mit der Sojamilch unter öfterem Umrühren zwei Stunden sanft kochen lassen, bis die Flüssigkeit eingedickt ist. Dann das Reismalz, die Rosinen und die Gewürze beimengen. Weiterkochen lassen, bis die Masse ganz dick ist. Die gemahlenen Mandeln daruntermischen und 10 Minuten weiterkochen. In eine flache Glasform füllen und mit den Mandelstiften verzieren.

Fritierte Melonenspalten

750 gr Honigmelone
etwas Reismalz
125 gr Vollweizenmehl
etwas Meersalz

Die Melone schälen und in Spalten schneiden. Aus dem Mehl, Salz und Wasser einen Ausbackteig zubereiten, die Melonenspalten eintauchen und in heißem Sonnenblumenöl fritieren. Mit Reismalz beträufeln.

Birchermüsli

In der Schweiz ißt man dieses Müsli zum Frühstück. Der Name stammt vom Ernährungswissenschaftler Dr. Bircher.

200 gr feine Haferflocken
1 EL Rosinen
1 EL Haselnüsse
1 EL Reismalz
1/4 l Sojamilch
1 Apfel, feingerieben
1/2 Tasse Erdbeeren oder Kirschen
etwas Meersalz

Alle Zutaten in einer Schüssel vermischen und 15 Minuten durchziehen lassen.

Schwarze Juwelen — Su Chung Kwa

Ein sehr exotisch schmeckendes Gericht aus China.

1 Stück frische Ingwerwurzel
1 Zitrone
1 Zimtstange
5 schwarze Pfefferkörner
1 Tasse Reismalz
250 gr getrocknete Kakifrüchte (wenn nicht erhältlich:
Dörrpflaumen)
1 EL gehackte Pinienkerne

Den Ingwer und die Zitrone schälen, in dünne Scheiben schneiden. Mit Zimtstange, Pfefferkörnern und 5 Tassen Wasser 20 Minuten kochen. Abseihen und den Reismalz dazugeben. Das Dörrobst über Nacht in den Saft einlegen. Den Saft abgießen, das Obst in Schälchen geben und mit den Pinienkernen bestreuen.

Tubtimkrob

Eine erfrischende Köstlichkeit aus dem fernen Thailand.

2 Tassen frische Kokosnußmilch
3 EL Reismalz
200 gr Pistazien
1 EL Erdbeermarmelade
1 EL Agar-Agar-Flocken
Eiswürfel

Erdbeermarmelade mit einer Tasse Wasser zum Kochen bringen, die Agar-Agar-Flocken einrühren und 5 Minuten leicht kochen lassen. Etwas auskühlen lassen. Bevor es fest wird, die Pistazienkerne mit dem Agar-Agar überziehen. Die Kokosnußmilch mit dem Reismalz mischen und mit einigen Eiswürfeln in Glasschalen anrichten. Die rosa-überzogenen Pistazien darin schwimmen lassen.

Obstsalat

1 Pfirsich
1 Apfel
1 Birne
1 EL gehackte Walnüsse
etwas Zitronensaft
2 EL Mirin, 6 EL Wasser

Das Obst waschen und würfelig schneiden. In einer Schüssel alle Zutaten mischen und 15 Minuten durchziehen lassen.

Mandarinen „chinesisch"

Kochen Sie 3 geviertelte Mandarinen für 20 Minuten in 1/8 1 Wasser und 1/8 1 Mirin und süßen dann mit etwas Reismalz. In kleine Schälchen geben und mit gehackten Walnüssen bestreuen.

Pâludeh mit Melone

Dieser Fruchtsalat ist eine aus Persien stammende Spezialität.

1 mittelgroße Honigmelone
2 Pfirsiche
5 EL Reismalz
2 EL Zitronensaft
2 EL Rosenwasser
1 Schale gehacktes Tofu-Eis

Die Melone halbieren und entkernen, mit einem runden Löffel kleine Kugeln ausstechen, den Saft aufheben. Pfirsiche überbrühen, schälen und in dünne Scheiben schneiden. In einer Schüssel die Melone, Pfirsiche, Zitronensaft, Reismalz mischen und in den Kühlschrank geben. 1/2 Stunde vor dem Servieren mit dem Rosenwasser mischen. In einzelne Gläser geben, fein gehacktes Eis darüberstreuen.

Kompotte

Hierfür können Sie jedes beliebigte Obst verwenden: Aprikosen, Birnen, Äpfel, Pfirsiche, Kirschen, Pflaumen usw.

Eine Sorte Obst waschen, vierteln oder in Würfel schneiden und mit doppelt soviel Wasser wie Obst zum Kochen bringen. Ein Stück Zitronenschale und 1 Zimtrinde mitkochen. Mit etwas Reismalz süßen, kalt oder warm servieren.

Blätterteigstrauben

Einen Blätterteig etwa 4 mm ausrollen, rhombenförmige Teigstücke ausschneiden und in heißem Öl goldgelb fritieren. Auf Küchenpapier abtropfen lassen. (Dies gilt für alle Fritierrezepte).

Carobtrüffel (S. 83)

Sachertorte (S. 24)

Punschkugeln (S. 41)

Nußkanten (S. 73)

Obstknödel II

Einen Brandteig zubereiten. Kleine Stücke davon abbrechen, auseinanderdrücken, in die Mitte das Obst geben und zusammenrollen. In Salzwasser ungefähr 15 Minuten kochen. Dann weiterverfahren wie bei Rezept I. Ergibt etwa 8-10 Knödel.

Grieß-Schmarren II

120 gr Pflanzenmargarine
500 gr feinen Vollweizengrieß
etwas Meersalz
50 gr Rosinen, gewaschen
5 EL Reismalz

Den Grieß in einem schweren Topf trocken rösten bis er ganz heiß ist. Inzwischen Wasser heiß machen und salzen. Den Grieß mit dem kochenden Wasser langsam unter Rühren übergießen. Gerade soviel Wasser nehmen, wie der Grieß aufsaugen kann. Dann die Margarine in einem extra Topf erhitzen und das Reismalz dazugeben. Wenn beides zerflossen ist, den Grieß dazugeben, ebenso die Rosinen. Gut durchrühren und auf kleiner Flamme ungefähr 15.Minuten durchziehen lassen.

D) PUDDINGS, CREMES UND MARMELADEN

Kastanien-Pudding

Dieser Pudding hat eine natürliche Süße aus den Kastanien. Sie können aber nach Belieben noch mit Reismalz süßen.

1 Tasse Kastanienpüree (Kastanien kochen und pürieren)
etwas Meersalz
1/2 Päckchen Agar-Agar-Flocken

2 Tassen Wasser zum Kochen bringen, die Agar-Agar-Flocken einrühren. Das Meersalz und Kastanienpüree zufügen und 5 Minuten leicht kochen lassen. In eine ausgespülte Form gießen und kaltstellen. Umstürzen und in kleine Rechtecke schneiden.

Plum-Pudding

In England wird dieser Pudding am Weihnachtsabend serviert.

4 Tassen gekochter Buchweizen
1 Tasse Rosinen
1/2 Tase gehackte Dörrpflaumen
1/2 Tasse gehackte Dörraprikosen
1 Tasse geriebene Mandeln
4 Tassen Vollweizenmehl
2 EL Miso
5 EL Reismalz
gerieb. Orangen- und Zitronenschale
etwas Zimt, Nelkenpulver und Naturvanille

Alle Zutaten gut vermischen und in eine feuerfeste Puddingform füllen. Im Wasserbad 1 1/2 Stunden dämpfen. Warm servieren.

Tapiokapudding

— Eine Köstlichkeit aus Malaysien für heiße Sommertage —

2 EL Sago
2 EL Reismalz
1/4 l Sojamilch
etwas Meersalz
3 EL Kokosflocken
Naturvanille

Die Sojamilch mit 1/4 1 Wasser, dem Meersalz, Reismalz, Naturvanille und Kokosflocken erhitzen. Das Sago unter ständigem Rühren dazugeben und auf kleiner Flamme 15 Minuten kochen. Die Sagokörner müssen alle glasig geworden sein. In Schalen füllen und mit frischen Früchten servieren.

Kürbis-Custard (Pumpkin-Custard)

Aus den Vereinigten Staaten kommt diese Nachspeise, eignet sich gut für die kältere Jahreszeit.

1 kg gelber Kürbis (Hokkaidokürbis)
2 Tassen Sojamilch
1 Tasse pürierter Tofu
1 EL Maisstärke
1/2 Tasse Reismalz
etwas Meersalz, Zimt
Lebkuchengewürz, Muskatnuß,
Ingwerpulver

Den Kürbis schälen, in gröbere Stücke schneiden und mit wenig Wasser auf kleiner Flamme weichkochen. Durch ein Sieb drücken. Zum Kürbismus die Sojamilch und den Tofu geben und glatt durchschlagen. Alle übrigen Zutaten, außer Muskatnuß dazugeben, in eine geölte Auflaufform füllen, die Muskatnuß darüberreiben. Im heißen Ofen fest werden lassen. Gekühlt servieren.

Grießflammeri

Dieser lockere Getreidepudding eignet sich gut als kleine Zwischenmahlzeit.

1/2 l Sojamilch, 1/2 Tasse Vollweizengrieß
1 Tasse pürierter Tofu
3 EL Reismalz, 1/2 Tasse Amazake
1/4 Tasse Rosinen
1/4 Tasse geriebene Mandeln
etwas Meersalz
gerieb. Schale einer Zitrone

Die Sojamilch mit Salz, Zitronenschale, Mandeln, Reismalz, Amazake, Rosinen und Tofu aufkochen. Den Grieß einrühren und 10 Minuten leicht kochen. In kalt ausgespülte Puddingformen geben, nach dem Erkalten stürzen. Mit etwas Mirin übergießen.

Amandine di Venezia

— Ein aus Venedig stammendes Mandeldessert —

50 gr geschälte Mandeln
1 Tasse pürierter Tofu
1/2 Tasse Mandelmus
4 EL Reismalz
etwas Meersalz
3 EL Maisstärke

Das Mandelmus mit 2 Tassen Wasser, dem Salz und Reismalz aufkochen. Das Maismehl mit wenig kaltem Wasser anrühren und in die kochende Masse einrühren. 5 Minuten leicht kochen lassen, den pürierten Tofu darunterziehen; die Mandeln grob hacken und trocken anrösten, auch unter die Masse mischen. In Schalen anrichten und kalt stellen.

Vermicelles

Dieses Gericht ist auch bekannt als „Kastanienreis" oder „Vermicelli", in der Schweiz steht es auf jeder Speisekarte.

400 gr Maroni
1/2 l Wasser
4 EL Reismalz
Saft einer Orange
gerieb. Schale einer Orange
etwas Naturvanille

Die Maroni in Wasser weichkochen. Abschälen und im Mixer mit der Naturvanille, dem Orangensaft und Reismalz pürieren. Die Masse soll fest sein und sich zu einer Kugel formen lassen. Durch ein Reibeisen drücken, so daß feine Streifen, ähnlich wie Reis, entstehen. Mit Orangenraspeln garnieren.

Mandelgelee

Diese Nachspeise stammt aus Japan und schmeckt nicht süß, was in Japan bei Desserts oft üblich ist.

10 EL Kinako
3 EL Sonnenblumenöl
5 EL Kuzu
1/2 TL Meersalz
2 1/2 Tassen Wasser
3 EL geriebene Mandeln

Kinako und Öl vermischen, das Wasser, Meersalz und Mandeln dazugeben und mit einem Schneebesen glattrühren. Zum Kochen bringen, das Kuzu in etwas kaltem Wasser auflösen und einrühren. 10 Minuten kochen bis eine dicke Masse entsteht. In eine ausgespülte Form füllen, auskühlen lassen und stürzen. In rechteckige Würfel schneiden und mit schwarzem Sesam bestreuen.

Carobcreme

Diese Creme erinnert an eine herkömmliche Nougatcreme und läßt sich auch so verwenden.

1 Tasse Carob
2 EL Pflanzenmargarine
3 EL Apfel-Birnen-Konzentrat
5 EL Haselnußmus

Die Margarine und das Haselnußmus auf kleiner Flamme zergehen lassen. Sofort vom Feuer nehmen und das Apfel-Birnen-Konzentrat und Carob langsam einrühren.

Kinakocreme

Dieselbe Zubereitungsart wie bei der Carobcreme. Anstelle von Carob verwenden Sie Kinako und statt Haselnußmus nehmen Sie Mandelmus. Wird eine helle Creme für Kuchenglasur oder zum Füllen von Torten.

Halwa

Benannt nach einer griechischen Spezialität, einer Art Nougat aus Honig und Sesam.

350 gr Vollweizengrieß
200 gr Gerstenmalz
3 Tassen Sojamilch
2 Tassen Wasser
4 EL Olivenöl

Den Grieß in einer Pfanne mit dem Öl rösten, bis er hellbraun geworden ist. Sojamilch, Wasser und Gerstenmalz dazugeben. Aufkochen lassen und rühren, bis der Grieß eingedickt ist. In eine gespülte Kastenform geben und nach dem Erkalten in Würfel schneiden. Mit Sesam bestreuen.

Carob-Pudding

1/2 l Sojamilch
1/2 Tasse Carob
4 EL Maisstärke
2 EL Haselnußmus
2 EL Reismalz
etwas Meersalz

Sojamilch mit Reismalz, Meersalz und Nußmus erhitzen. Maisstärke und Carob mit etwas kaltem Wasser anrühren und in die Sojamilch einrühren. 10 Minuten leicht kochen lassen, in ausgespülte Puddingformen gießen. Nach dem Erkalten stürzen.

Tofu-Sahne

250 gr Tofu
2 EL Reismalz, 6 EL Sonnenblumenöl
etwas Meersalz, Naturvanille
1/2 Tasse Sojamilch

Alle Zutaten in den Mixer geben und fein pürieren. Kurz in den Kühlschrank stellen und dann sofort servieren. Schmeckt gut zu verschiedenen Kuchen und Torten.

Tofu-Fruchtcreme

250 gr frische Erdbeeren
350 gr Tofu
2 EL Reismalz
feingehackte Nüsse zum Garnieren

Die Zutaten im Mixer pürieren und in Schälchen anrichten. Mit einer ganzen Erdbeere und den Nüssen verzieren.

Tofu-Eiscreme

Diese Eiscreme wird nicht so sahnig wie die herkömmliche, schmeckt jedoch genauso erfrischend. Sie können die Geschmacksrichtungen geben durch frische Erdbeeren oder Instant-Getreidekaffee oder Haselnußmus.

500 gr *Tofu, eisgekühlt*
4 EL Gerstenmalz
1/4 TL Naturvanille
etwas Meersalz
1 EL Nußfett
1 Schale Agar-Agar-Gelee (sehr fest und in Würfel gehackt)

Bereiten Sie das Agar-Agar-Gelee am besten schon am Vortag zu und geben es über Nacht in den Kühlschrank. Dazu kochen Sie für 5 Minuten 1/2 Päckchen Agar-Agar Flocken zusammen mit 1/2 l Wasser und lassen es dann erkalten. Alle Zutaten im Mixer pürieren und für 1 Stunde aufs Eis stellen. Mit dem Schneebesen durchrühren. Noch einmal über Nacht ins Gefrierfach geben. Dann in kleine Stücke schneiden und mit 100 gr eisgekühltem Tofu ein zweites Mal pürieren. Sofort servieren.

Nußkanten

1/2 l Wasser, 1/2 l Sojamilch
1/2 Glas Haselnußmus
etwas Meersalz
5 EL Reismalz
Naturvanille
1/2 Päckchen Agar-Agar-Flocken

Das Wasser und die Sojamilch mit allen Zutaten zum Kochen bringen und 5 Minuten unter ständigem Rühren kochen lassen. In eine Kuchenform füllen und nach dem Erkalten stürzen. Agar-Agar oder auch Kanten genannt, bleibt lange flüssig, wird aber nach einer Stunde fest wie ein Gelee.

Kürbiskanten

Diese Süßspeise wird in Japan oft bei der traditionellen Teezeremonie serviert.

1 Hokkaidokürbis
1 Tasse Rosinen
5 EL Reismalz
1 Päckchen Agar-Agar Flocken
etwas Naturvanille
Saft von einer Zitrone

Den Kürbis waschen, halbieren, die Kerne entfernen und in kleine Stücke schneiden. In etwas Salzwasser weichkochen, im Mixer zusammen mit den Rosinen pürieren. Das Mus wieder zum Kochen bringen und Reismalz, Naturvanille und Zitronensaft dazugeben. Dann die Agar-Agar Flocken einrühren und 5 Minuten leicht kochen lassen. In eine flache größere Form gießen und erkalten lassen. Mit einem Wellmesser in rechteckige Stücke schneiden.

Vanillesauce

Die Sauce können Sie warm oder kalt zu den verschiedensten Gerichten, z.B. Apfelstrudel oder Wiener Buchteln, servieren.

1/2 l Sojamilch
6 EL Mandelmus
5 EL Reismalz
etwas Naturvanille
gerieb. *Zitronenschale*
3 EL Pfeilwurzelmehl

Die Sojamilch mit allen Zutaten, außer Pfeilwurzelmehl, erhitzen. Das Pfeilwurzelmehl mit etwas Wasser anrühren und in die Sojamilch einrühren.

74

Fruchtjelly

Fruchtgelees sind in Japan sehr beliebt und traditionelle Gerichte bei den verschiedenen Festen.

1/2 Päckchen Agar-Agar Flocken
1 Tasse frische Erdbeeren
4 EL Reismalz
Saft von 2 Zitronen
etwas Meersalz
1 l Wasser

Das Wasser mit Reismalz, Meersalz und Zitronensaft zum Kochen bringen. Die Agar-Agar Flocken einrühren und kurz aufkochen lassen. Dann die halbierten Erdbeeren dazugeben und 15 Minuten kochen. In eine ausgespülte Form geben und kalt stellen. Dann in Würfel schneiden. Oder in kleine Formen füllen und stürzen.

Rote Grütze

Eine sehr populäre deutsche Nachspeise, die oft mit heißer Vanillesauce serviert wird.

250 gr frische Himbeeren
350 gr frische Johannisbeeren
5 EL Reismalz
etwas Meersalz
5 EL Maisstärke

Die Früchte waschen und mit etwas Wasser im Mixer pürieren. Das Mus zusammen mit Reismalz und Meersalz aufkochen lassen, die Maisstärke in etwas kaltem Wasser anrühren und einkochen. Kurz aufkochen lassen, in kalt ausgespülte Formen geben und erkalten lassen.

Aprikosencreme

Diese Creme ist erfrischend und hat einen aromatischen Geschmack.

75 gr gedörrte Aprikosen
1 EL Mandelmus
1/4 l Sojamilch
1/4 TL Muskatnuß
1/4 l Wasser
Saft von 2 Orangen

Die Aprikosen über Nacht in Orangensaft einweichen. Im Mixer pürieren, langsam die Sojamilch dazugeben. Die übrigen Zutaten dazumischen. Von der Menge der Sojamilch hängt es ab, wie dick Sie die Creme machen möchten.

Apfelmus

1 kg Äpfel
etwas Meersalz

Die Äpfel halbieren und entkernen, in Viertel schneiden. Mit wenig Wasser, gerade bedeckt, und dem Meersalz weichkochen. Dann im Mixer pürieren.

Powidl

Dieser Powidl sollte nicht mit Pflaumenmus verwechselt werden. Er hat durch das lange Kochen einen viel rauchigeren und süßeren Geschmack.

2 kg Pflaumen
etwas Meersalz

Die Pflaumen entsteinen und mit dem Meersalz kochen lassen bis sie ganz dunkel und eingedickt sind. Das kann bei kleiner Flamme bis 3 Stunden sein. Öfters umrühren.

Morgenröte

Für dieses Rezept können Sie selbstgemachten Fruchtsaft verwenden oder frische Früchte.

1/2 l roter Johannisbeersaft
1 Tasse Reismalz
65 gr Vollkorngrieß
etwas Naturvanille, Meersalz

Den Saft mit Reismalz, Vanille und Meersalz aufkochen. Den Grieß einrühren und 10 Minuten leicht kochen lassen. In eine Schüssel geben und mit dem Schneebesen schaumig schlagen. In Schälchen füllen.

Reiscreme „Noisette"

Wenn Sie vom Frühstück eine übriggebliebene Reissuppe (1 Tasse Vollkornreis mit 7 Tassen Wasser über Nacht gekocht) haben, dann probieren Sie dieses Rezept. (Siehe auch Reissuppengetränk)

2 Tassen Reissuppe
2 EL Reismalz
Saft einer Zitrone
1 Apfel, geschält und entkernt
4 EL Haselnußmus

Alle Zutaten im Mixer pürieren und kurz aufkochen lassen, warm servieren.

Birnenbutter

2 kg Birnen
1/2 Tasse Zitronensaft
1 Tasse Reismalz
2 TL Zimt
3 TL gemahl. Nelken
1/2 TL Muskatnuß

Die Birnen entkernen und in Stücke schneiden. In einem großen Topf mit den übrigen Zutaten kochen lassen bis die Flüssigkeit ganz verdampft ist. Bei kleiner Hitze weitere 2 1/2 Stunden kochen, bis eine dicke Masse entsteht. In Gläser abfüllen.

Mirinfrüchte

Die Zubereitungsart dieser Früchte ähnelt dem herkömmlichen Rumtopf. Durch den niedrigen Alkoholgehalt des Mirins sind sie jedoch nur begrenzt haltbar und sollten baldigst verzehrt werden. Die Haltbarkeit wird bei jedem verschieden sein, zwischen acht und vierzehn Tagen.
Frische Früchte, wie Erdbeeren, Kirschen, Himbeeren, Brombeeren usw. in einer Schüssel mit Reismalz übergießen. Für zwei Stunden stehen lassen. Dann in einen Steinguttopf oder ein Glas füllen und mit Mirin übergießen. Der Mirin soll einen Zentimeter über den Früchten stehen. Mit Zellophanpapier zubinden und 2 Tage an einem kühlen Ort ziehen lassen.

Marmeladen

1 kg frische Früchte nach Saison
1 Tasse Kuzu
etwas Meersalz

Die gewaschenen und zerkleinerten Früchte mit etwas Wasser und Meersalz weichkochen. Das Kuzu mit kaltem Wasser anrühren und in die Früchte einrühren, 5 Minuten mitkochen lassen bis es dicklich wird. In Gläser füllen.

*"Du ißt, was du leicht verdauen kannst, und
was du nicht leicht verdauen kannst,
das ißt du nicht."*

Hippokrates

Ostereier (S. 84)

Fruchtjelly (S. 75)

Marmeladehörnchen (S. 31)

E) HAUSGEMACHTE BONBONS, SÜSSE GETRÄNKE

Verwöhnen Sie sich und Ihre Lieben doch mal mit selbstgemachtem Konfekt. Die folgenden Vorschläge lassen sich einfach und rasch verwirklichen.

Carobtrüffel

20 gr Pflanzenmargarine
100 gr Carob
1 Tasse Reismalz
3 EL Mirin, 1 EL Haselnußmus
1 EL Instant-Getreidekaffee

Die Margarine schaumig rühren. Nach und nach das Reismalz dazugeben, dann Carob, Getreidekaffee und Mirin. Kleine Kugeln formen und in Carob wälzen.

Kinakobonbons

1 Tasse Kinako
1/2 Tasse Reismalz
2 EL Wasser

1/4 des Kinako mit dem Reismalz und Wasser auf kleiner Flamme etwa 7 Minuten kochen, ständig rühren bis es eindickt. Diesen Syrup über das restliche Kinako gießen und gut vermengen. Zu einem festen Teig kneten, falls nötig, noch mehr Kinako dazugeben. Zu einer 2 cm dicken Rolle formen und diese in 2 cm lange Stückchen schneiden. Über Nacht in den Kühlschrank geben, dann ziehen sie besser durch.

Marzipan

1/2 kg kleine weiße Bohnen
250 gr geriebene Mandeln
1 Tasse Gerstenmalz
Naturvanille
3 EL Mirin, 4 EL Mandelmus

Die Bohnen über Nacht einweichen, weichkochen und durchpassieren. Mit den übrigen Zutaten mischen, so daß eine feste Masse entsteht. Zu einer großen Kugel formen und über Nacht in den Kühlschrank stellen.
Wenn Sie einen Teil vom Marzipan dann mit gehackter Petersilie mischen, haben Sie grün gefärbtes Marzipan und können damit kleine Blättchen formen. Mit dem weißen und grünen Marzipan lassen sich hübsche Blumen machen.

Gefüllte Datteln

20 getrocknete Datteln
80 gr Marzipan
30 gr feingehackte Pistazien

Das Marzipan mit den Pistazien vermischen und zu kleinen Kugeln formen. Diese in die entsteinten Datteln drücken und mit einem Messer den gewölbten Marzipanrücken mehrmals einkerben.

Ostereier

Eine Maronimasse wie für Vermicelles (siehe Rezept) zubereiten. Kleine Kügelchen formen und mit Carobcreme (siehe Rezept) überziehen. In kleine Papierförmchen geben und den Ostertisch damit schmücken.

Prassad

Dies ist eine indische Süßigkeit, als Beispiel für eine Speise, die Tempelbesuchern als heilige Gabe dargeboten wird, ähnlich wie das Abendmahl im Westen.

200 gr Maisgrieß
1/2 l Wasser
50 gr Sonnenblumenöl
50 gr Rosinen
50 gr Mandeln (gehackt)
50 gr Marzipan (siehe Rezept)
40 gr Gersten- oder Reismalz
50 gr Dattelmasse
25 gr Kokosraspel

Den Maisgrieß unter ständigem Rühren im Öl braun rösten. Nach und nach das Wasser dazugeben und auf kleiner Flamme 20 Minuten kochen, bis eine mittelfeste Masse entsteht. Den Topf vom Feuer nehmen und die restlichen Zutaten dazugeben. Die Dattelmasse und das Marzipan vorher klein hacken. Alles gut durchmischen und abkühlen lassen. Kleine Bällchen formen, in Kokosraspeln wälzen.

Pflaumenkonfekt

200 gr entsteinte Dörrpflaumen
75 gr gerieb. Haselnüsse
50 gr Marillenmarmelade
100 gr feine Haferflocken
etwas Zitronensaft

Dörrpflaumen waschen und klein schneiden. Mit den übrigen Zutaten vermengen. Die Masse zwischen zwei Brettchen pressen und beschweren. Nach 1-2 Tagen in Würfel schneiden und in Carob wälzen.

Marzipankartoffeln

Marzipan (siehe Rezept) zubereiten. Kleine Kugeln formen, in Carob wälzen und an einer Stelle leicht einritzen, daß sie wie geplatzte Pellkartoffeln aussehen.

Feigenkugeln

250 gr Marzipan
8 getrocknete Feigen
4 EL Marillenmarmelade
100 gr gerieb. Haselnüsse

Die Feigen in Viertel schneiden. Jedes Feigenstück mit Marzipan umhüllen und zu einer Kugel formen. Die Marillenmarmelade leicht erhitzen und glattrühren. Die Kugeln darin und anschließend in den Haselnüssen wälzen.

Kandierte Mandeln

1 Schale geschälte Mandeln
3 EL Gerstenmalz

Das Gerstenmalz mit 2 EL Wasser erhitzen. Mandeln in eine Schüssel geben, das heiße Gerstenmalz daruntermischen. Die Mandeln dann auf einem Backblech verteilen und hart werden lassen.

Sesamkrokant

150 gr weißer Sesam
5 EL Gerstenmalz

Sesam in eine Schüssel geben. Das Gerstenmalz erhitzen und unter den Sesam mischen. Der Sesam soll nur leicht mit Malz überzogen sein. Die Masse auf ein mit *kaltem Wasser gespültes* Backblech streichen.
Nach dem Erkalten in rechteckige Stückchen schneiden.

Süßes Popcorn

— Aus Amerika stammt dieses lustige Maisgericht —

2 EL Maiskörner (für Popcorn)
20 gr Öl
4 EL Ahornsyrup

In einem weiten Kochtopf das Öl heiß werden lassen, die Maiskörner dazugeben, Deckel auflegen und den Topf rütteln. Nach 5-10 Minuten ist der Mais aufgepufft. Ahornsyrup darüberträufeln, durchschütteln.
Statt mit Ahornsyrup können Sie das Popcorn auch nur mit etwas Meersalz vermischen.

Knabbermischung „süß"

1/2 Tasse Cashewkerne
1/2 Tasse Walnußkerne
1/2 Tasse Pinienkerne, etwas Reismalz

Die Nüsse trocken in einer Pfanne rösten und noch heiß mit Reismalz beträufeln und durchmischen.

Knabbermischung „salzig"

1/2 Tasse weißer Sesam
1/2 Tasse Kürbiskerne, getrocknet
1/2 Tasse Sonnenblumenkerne
etwas Shoyu

Die Samen alle separat in einer Pfanne trocken rösten bis sie hellbraun werden, dann sofort mit wenig Shoyu beträufeln. Die fertig gerösteten Samen zusammenmischen.

Eis am Stiel

Für die kleinen, vielleicht auch manche Große, eine willkommene Abwechslung im Sommer.

Mixen Sie beliebige frische Früchte zusammen mit etwas Reismalz zu einem Mus und füllen das in kleine Eisförmchen (erhältlich im Haushaltswarengeschäft). Geben Sie diese für 24 Stunden ins Gefrierfach.

Als Abwandlung können Sie auch etwas Sojamilch mit den Früchten zusammen mixen und abfüllen.

Fruchtbowle

— Die richtige Erfrischung für Ihre Sommerparty —

1 l naturtrüber Apfelsaft
1 l Mineralwasser
frische Früchte nach Belieben
2 EL Reismalz
3 EL Mirin

Die Früchte klein schneiden und zusammen mit den übrigen Zutaten in ein Gefäß füllen. Über Nacht in den Kühlschrank geben.

Waldmeisterbowle

Ein sehr aromatisches Getränk, auch als Maibowle bekannt.

1 l naturtrüber Apfelsaft
1 Bündel frischer Waldmeister (oder „Maikraut"genannt)
1 l Mineralwasser
Saft von einer Zitrone
3 EL Mirin
2 EL Reismalz

Den Waldmeister für 3 Stunden im Apfelsaft ziehen lassen. Herausnehmen und die übrigen Zutaten dazumischen. Die Waldmeisterblätter nicht mehr verwenden.

Punschtee

1/2 l Banchatee
Gewürznelken
1 Zimtstange
Schale einer Zitrone
2 EL Reismalz
Saft einer Orange

Den Banchatee mit den übrigen Zutaten noch einmal 10 Minuten aufkochen und abseihen.

Kokoh-Getränk

Kokoh, auch Getreidemilch genannt, ist eine nahrhafte Getreidemehlmischung. Sie wird gerne Kleinkindern als Brei gegeben oder auch zum Backen verwendet. Hier ein Rezept zum Trinken:

2 EL Kokoh
etwas Meersalz
2 EL Reismalz

1 l Wasser mit dem Kokoh und Meersalz zum Kochen bringen. Unter ständigem Umrühren 20 Minuten kochen lassen. Mit dem Reismalz süßen.

Sie können Kokoh fertig kaufen oder auch selbermachen:

1 Tasse Vollreismehl
1/2 Tasse Süßreismehl
1/2 Tasse Hafermehl
2 EL gemahlener Sesam
2 EL gemahlene Azukibohnen

Die Mehle separat in einer Pfanne trocken rösten und dann vermischen.

Anmerkung: Bei regelmäßigem Verzehr von Kokoh als Kindernahrung ist es besser, dieses aus ganzen Körnern zu kochen, die man dann durch ein Sieb passiert oder zerkleinert. Kokoh aus Mehl kann als Hauptnahrung bei empfindlichen Kindern Verdauungprobleme mit sich bringen (wie alle Mehlspeisen).

Erdbeershake

1/2 l Sojamilch
1 Schale frische Erdbeeren
2 EL Reismalz

Alle Zutaten mixen und in Gläser füllen.
Dieses und alle anderen Sojamilchgetränke sollten vorwiegend im Sommer genossen werden, da die Sojamilch eine stark kühlende Eigenschaft besitzt.

Mandelmilch

1/2 l Sojamilch
2 EL Mandelmus
2 EL Reismalz

Die Zutaten mixen und in Gläser füllen.

Carob-Mokka-Shake

1/2 l Sojamilch
2 EL Carob
1 EL Instant-Getreidekaffee
2 EL Reismalz

Alles zusammen mixen, in Gläser füllen und mit Carob bestreuen.

Wiener Eiskaffee

4 TL Instant-Getreidekaffee
1/2 l Wasser
3 EL Reismalz
1 Stück Tofu-Eiscreme (siehe Rezept)

Den Getreidekaffee in kaltem Wasser auflösen und mit dem Reismalz süßen. In Gläser füllen und kleine Stücke der Tofu-Eiscreme dazugeben. Mit etwas Tofusahne garnieren.

Amazake

Dies ist ein süßes Getränk aus fermentiertem Reis. Sie können es fertig in Gläsern kaufen oder selbermachen. Amazake ist auch ein herrliches Süßmittel für Cremes und Puddings. Kuchen werden durch ihn leicht und locker.

1 Tasse Süßreis
2 Tassen Wasser
1 1/2 Tassen Koji-Reis

Den Süßreis im Drucktopf mit dem Wasser 45 Minuten kochen. Für 10 Minuten auskühlen lassen, dann den Koji-Reis daruntermischen. Das Backrohr auf 50 Grad stellen und die Reismischung 12 Stunden darinstehen lassen. Gut umrühren und eventuell im Mixer pürieren. Je nachdem ob sie den Amazake trinken oder als Creme verwenden wollen, können Sie ihn mit Wasser zur gewünschten Konsistenz verdünnen.

Reissuppengetränk

2 Schalen Reissuppe (kann auch schon leicht säuerlich
geworden sein)
3 EL Reismalz
Saft von 1 Zitrone

Reissuppe ist ein sehr nahrhaftes Frühstück und wird folgenderweise zubereitet. Kochen Sie 2 Schalen Vollkornreis mit 14 Schalen Wasser und etwas Meersalz am Abend für 40 Minuten. Drehen Sie dann die Flamme ab und lassen den Reis weiterziehen. Am Morgen kochen Sie die Reissuppe unter ständigem Rühren noch einmal 10 Minuten, so daß eine Creme entsteht. Die Reissuppe mit Reismalz und Zitronensaft im Mixer pürieren. Dies ergibt ein erfrischendes säuerliches Getränk.

Ahornbonbons

1 Tasse Ahornsyrup
1/2 Tasse Sojamilch
1 1/2 TL Sonnenblumenöl
1 TL Naturvanille
50 gr geriebene Mandeln
50 gr Mandelsplitter

Den Ahornsyrup mit der Sojamilch erhitzen und für 5 Minuten kochen. Mit den übrigen Zutaten vermischen und kleine Kugeln formen. Falls die Masse noch zu weich ist, mehr Nüsse dazugeben. Nach einem Tag sind die Kugeln hart geworden wie Bonbons.

Holundersaft

1 1/2 l Wasser
1/2 kg Holunderbeeren
etwas Meersalz

Im Oktober können Sie die Beeren des Holunderstrauches ernten. Kochen Sie die entstielten Beeren mit dem Wasser und Salz für 30 Minuten und drücken dann den Saft durch ein Sieb (wegen der Kerne). Nach Belieben können Sie auch noch mit Reismalz süßen.

Eistee

In einem halben Liter Wasser 1 Säckchen Mu-Tee 10 Minuten kochen. Auskühlen lassen und mit 1/2 l Apfelsaft und dem Saft einer Orange mischen. Kalt stellen.

Aprikosenscheiben

200 gr getrocknete Aprikosen
Saft von einer Zitrone
250 gr Kokosraspeln

Die Aprikosen mit wenig Wasser kurz aufkochen lassen und 3 Stunden ziehen lassen. Dann die Aprikosen zusammen mit den Kokosraspeln durchpassieren und mit dem Zitronensaft zu einem Teig kneten. Wenn die Masse zu dünn ist, noch etwas Kokosraspeln daruntermischen. Zu einer Rolle formen und 1/2 cm dicke Scheiben abschneiden. Die Scheiben in Kokos wälzen.

Aranzini

Dieser italienische Name kommt von *arancia,* was Apfelsine oder Orange bedeutet.

1 EL Reismalz
etwas Meersalz
1 EL Agar-Agar Flocken
Kokosraspeln
Schale von 2 Orangen

Die Orangen schälen, die Schale in 5 mm breite Streifen schneiden. In leicht gesalzenem Wasser 15 Minuten kochen, das Wasser abgießen, noch zweimal wiederholen. Dann 1/10 1 Wasser mit Reismalz und Agar-Agar Flocken aufkochen lassen, die Schalen dazugeben. Raussieben, trocknen lassen und in Kokosraspeln wälzen.

Hafermilch

3 EL Haferflocken
etwas Salz
2 EL Reismalz
1/2 l Wasser

Die Haferflocken trocken rösten, mit dem kochenden Wasser aufgießen und mit Meersalz und Reismalz würzen. 5-10 Minuten kochen lassen. Im Mixer pürieren.

Soja-Buttermilch

3 Tassen Sojamilch, heiß
2 EL Reismalz
1 1/2 TL Zitronensaft

Sojamilch und Reismalz im Mixer pürieren. Den Zitronensaft langsam hineinträufeln und dabei weiterpürieren. Für eine Minute stehen lassen, dann noch einmal mixen und sofort servieren.

Sesam-Krokant (S. 86)

Bethmännchen (S. 32)

Gefüllte Datteln (S. 84)

Azuki-Manju (S. 48)

Das Zusammenlegen von Blätterteig (S. 15)

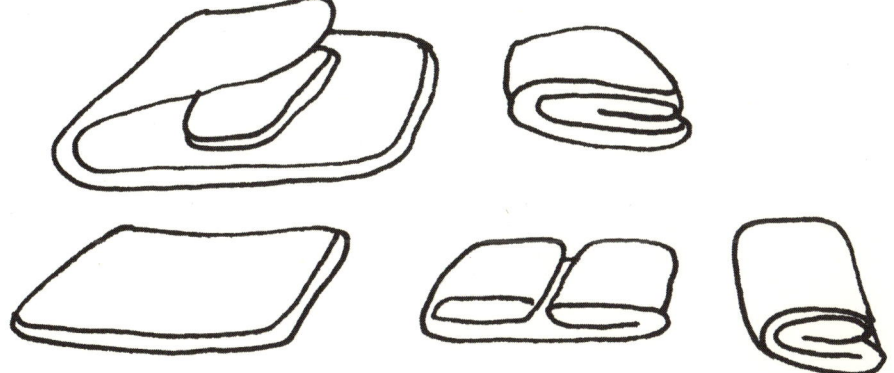

GLOSSAR

Agar-Agar	Geliermittel aus Algen, auch Kanten genannt
Ahornsyrup	Saft des Ahornbaumes wird mit Kräutern zu einem Syrup eingekocht
Amazake	süßes Mus aus fermentiertem Reis
Azukibohnen	kleine rote chinesische Bohnen
Banchatee	gerösteter grüner Tee aus 3 Jahre alten Blättern des Teestrauches
Carob	feines Pulver, gewonnen aus den Früchten des Johannisbrotbaumes. Geschmack ähnelt dem Kakao
Gerstenmalz	aus gekeimter Gerste gewonnenes Süßmittel
Kinako	Mehl aus gerösteten Sojabohnen
Kokoh	Getreidemischung, sehr gut zur Zubereitung von Getreidemilch für Kleinkinder
Koji-Reis	gemälzter Vollreis
Kuzu	hochwertiges Bindemittel, gewonnen aus der Kuzuwurzel
Mirin	süßer Vollreislikör, 14 % Alkohol
Miso	hochwertige, salzige Paste aus fermentierten Sojabohnen und Getreide
Mochi	fester Kuchen aus gestampftem Süßreis
Mu-Tee	Heilkräutertee, bestehend aus Petersilienwurzel, Pfirsichkernen, Ginseng, Ingwer, Nelken- Peonienwurz, Zimt u.a., die nach einem traditionellen chinesischen Rezept zusammengestellt werden.
Pfeilwurzel-mehl	Stärkemehl, gewonnen aus der Pfeilwurzel. Zum Binden von Suppen, Saucen und Cremes
Reismalz	aus gekeimtem Vollreis hergestelltes Süßmittel
Sago	Stärkemehl, gewonnen aus den Wurzeln der Tapiokapflanze
Shoyu	flüssiges Würzmittel aus fermentierten Sojabohnen
Tofu	eine Art Sojabohnenquark mit neutralem Geschmack

Alphabetisches Rezeptverzeichnis

Über die Autorin

Anneliese Comanducci wurde 1957 in Graz, Österreich, geboren. 1975 stellte sie sich auf lakto-vegetarische Ernährung um. Im Laufe der Zeit erweiterte sie immer mehr ihre Kenntnisse über Vollwerternährung und vegane Küche und beschäftigte sich intensiv mit den verschiedensten Ernährungs- und Lebensformen .

Sie unternahm mehrere Studienreisen nach Japan, Hongkong, Indien, Thailand und USA, um neue Erkenntnisse und Anwendungsmöglichkeiten im Bereich gesunder Ernährung und ganzheitlicher Lebensform zu erlangen.
Sie vertiefte ihre praktische Kocherfahrung in vielen Kursen und Seminaren. Lange Zeit war sie als Kochlehrerin in Österreich und Deutschland tätig.

Mehrere Reisen nach Spanien und in die Toskana sowie ein dreijähriger Aufenthalt in der italienischen Hauptstadt Rom erweiterten ihre Erkenntnisse in der gesunden mediterranen Küche.

Seit 1998 lebt sie wieder mit ihrer Familie in ihrer Geburtsstadt Graz.

Literaturhinweise

Die nachfolgende Literatur dient zum erweiterten Kennenlernen der in diesem Buch angesprochenen Thematik.

Aihara, Herman, *Milch, ein Mythos der Zivilisation*, Mahajiva 1985

Fryer; A. u. W.,*Das kleineBuch* über...(10-bändigeTB-Reihe), Ost-West-Bund, 1994
   Band 1 - *Getreide*
   Band 2 - *Hülsenfrüchte, Tempeh, Tofu und Seitan*
   Band 3 - *Gemüse*
   Band 4 - *Meeresgemüse*
   Band 5 - *Teigwaren*, Fisch und *Salat*
   Band 6 - *Japanische Spezialitäten*
   Band 7 - *Salz, Miso und Shoyu*
   Band 8 - *Süßmitte/*
   Band 9 - *Pickles und Tischgewürze*
   Band 10 - *Natürliche Schönheit*

Jack, Alex, *Deine Nahrung sei Deine Medizin, 188 wissenschaftliche Studien und medizinische Berichte über den Nutzen vollwertiger Ernährung für Körper, Geist, Gesellschaft und Umwelt*, Ost-West-Bund

Kushi, Michio und Aveline, *Das große Buch der makrobiotischen Ernährung und Lebensweise*, Ost-West-Bund

Ost–West–Naturkostführer, Band 2

Das kleine Buch über...
Hülsenfrüchte, Tempeh, Tofu und Seitan

von
Anne-Marie und Wil Fryer

Ost–West–Bund

Fryer, A.-M. und W.
Das kleine Buch über ...
Hülsenfrüchte, Tempeh, Tofu und Seitan
80 Seiten, Pb., 17 Zeichnungen,
€ 5,20 (D) / € 5,20 (A) / SFr. 9,80
ISBN 978-3-930564-20-0

Diese Einzel- Ausgabe einer 10-bändigen Taschenbuchreihe über internationale Naturkost informiert Sie ausführlich über Hülsenfrüchte, Tempeh, Tofu und Seitan - die wertvollen pflanzlichen Eiweißlieferanten -, ihren Nährwert, ihre traditionelle heilkundliche Verwendung, geben wertvolle Tipps betreffend ihrer Auswahl, Zubereitung und Lagerung und enthalten eine Fülle von Rezepten mit vielen Variationsmöglichkeiten.

Darunter finden Sie Suppen, Vorspeisen, Hauptgerichte und Beilagen, Salate, Dressings, Brote, Aufstriche, Imbisse, Partygerichte, Pickles und Desserts sowie Kochtipps, Serviervorschläge und vieles mehr.

Mit Literaturtipps zur weiteren Vertiefung Ihrer Kenntnisse!

Eiweißquelle für Sportler und Denker

- Schnelle Zubereitung von pflanzlichem Eiweiß wie Tofu, Seitan, Tempeh, Linsen, Erbsen, Bohnen.

- Internationale Köstlichkeiten mit bewährten pflanzlichen Kraftspendern.

Rezeptbeispiele:

Gedämpfte Tofuröllchen, Hirse-Seitan- Casserole, Schwarze Bohnen mit Mais, Gelbe Splittererbsensuppe, Tempeh mit Pilzsoße, Falafel mit Tahin-Dressing, Tofu-Mayonaise, Shis Kebab, Tempeh mit Arame, Sojamilchherstellung u.v.a.m.

Für nähere Informationen über das Gesamtprogramm
unseres Verlages besuchen Sie bitte im Internet:

www.ost-west-verlag.org